Wilke/Brabant, Totalitäre Träumer

Manfred Wilke / Marion Brabant

Totalitäre Träumer

Die SDAJ – der unbekannte Jugendverband

OLZOG VERLAG MÜNCHEN

CIP-Kurztitelaufnahme der Deutschen Bibliothek

Wilke, Manfred:
Totalitäre Träumer : d. Politik d. SDAJ u.d. Wirklichkeit d. realen Sozialismus / Manfred Wilke ; Marion Brabant. – München : Olzog, 1988
ISBN 3-7892-7350-3
NE: Brabant, Marion:

Umschlagentwurf: Gruber & König Grafik-Design, Augsburg
Satz: Fotosatz H. Buck, 8300 Kumhausen
Druck- und Bindearbeiten: Presse-Druck, Augsburg
Printed in Germany 007350/3881602
ISBN 3-7892-7350-3

Inhaltsverzeichnis

Vorwort

Übrigens: Freiheit herrscht in Wirklichkeit in der DDR. Auch die Menschenrechte gelten dort ohne Einschränkung. Das gilt mit und ohne Gorbatschow auch für die UdSSR. Alles andere sind Lügengeschichten von „Bild", „Spiegel" und „taz". So einfach ist das, jedenfalls für die SDAJ, die Sozialistische Deutsche Arbeiterjugend. Das ist die Jugendorganisation der DKP. Die DKP ist die Partei in der Bundesrepublik, die das werden möchte, was die SED in der DDR schon ist.

Über Rechtsextremisten gibt es Dutzende von Büchern – über die linksextremistische SDAJ bislang keines. Dabei ist die SDAJ allein zahlenmäßig größer, schlagkräftiger und strammer durchorganisiert als jede der zersplitterten rechtsextremistischen Gruppen. Das macht weder die eine noch die andere ungefährlicher; mit unserem Grundgesetz haben Extremisten sowieso nichts am Hut. Die Aktivitäten der SDAJ in Schulen, Betrieben und Gewerkschaften ist inzwischen so unübersehbar groß, daß wir dachten: Jetzt wird es Zeit, über die SDAJ zu schreiben.

I. Pfingstcamp der SDAJ 1987

Pflingstsamstag 1987. Es ist kurz nach 11 Uhr. Treffpunkt Duisburg-Wedau. Auf einem großen Freizeitgelände, umgeben von Wäldern, stehen dicht beieinander Zelte der SDAJ.

Wie in jedem Jahr veranstaltet die Sozialistische Deutsche Arbeiterjugend – die Nachwuchsorganisation der DKP – ihr traditionelles Pfingstcamp. Daß bei denen richtig was los ist, wissen auch die mehr als 50 jungen Leute, die vor dem Eingang drängeln. Keiner hier ist älter als 20. „'nen Zehner kostet die Tageskarte", sagt ein Typ ganz in schwarzer Lederkluft. Wenn schon kein Urlaubstrip drin ist, dann wenigstens ein paar fetzige Stunden bei den SDAJlern. Immer mehr kommen mit Motorrädern und Autos herangefahren, aus Dortmund, Gelsenkirchen, Essen, Krefeld, na eben aus dem ganzen Ruhrgebiet.

Plötzlich Unruhe. Fünf Jugendliche stehen im Gedränge, verkaufen eine Zeitschrift. VORAN – heißt sie, marxistische Zeitung für SPD, Jusos, Falken und Gewerkschaften. Einer von ihnen hält ein Plakat hoch. Was steht da? „USA gleich UdSSR – Privatkapitalismus gleich Staatskapitalismus, immer Imperialismus". Das Auftreten der sozialistischen Konkurrenz löst bei den SDAJ-Ordnern schlagartig Aggressionen aus. „Verschwindet, laßt die Leute mit eurem Dreck in Ruhe, abhauen, kapiert", herrscht der Kassierer die Zeitungsverkäufer an. Als wenn sie es gar nicht gehört hätten, wedelt einer von denen mit der Zeitschrift rum. „80 Pfennig, Leute, die könnt ihr wohl abdrücken! Lest, was bei uns über die Null-Lösung steht", ruft er der Menge zu. Einige sind neugierig geworden. „Komm, reich mal rüber, so ein Exemplar."

„Ey, haben die 'n Rad ab", schreit jemand vom hinteren

Ende der Schlange und zeigt auf einige SDAJler, die drei VORAN-Typen einkreisen. Alle reden durcheinander, ein SDAJler: „So ein Blödsinn, die USA, das sind die Imperialisten, die Kriegstreiber, was war denn Vietnam, und Nicaragua, ey, wer macht denn heute Friedensvorschläge, etwa Reagan oder Gorbatschow?" Der VORAN-Verkäufer läßt sich nicht einschüchtern: „Ach nee, und was haben die Russen in Afghanistan verloren, und damals in Ungarn 1956 und der CSSR 1968. Darum geht es überhaupt nicht. Bei uns wird mit den unzähligen Waffen die Macht des Kapitals zementiert, im Osten regiert weiter die totalitäre Bürokratie. Was, frage ich euch, ändert daran die Null-Lösung . . . absolut nichts! Wenn wir für Frieden und Sozialismus kämpfen, müssen beide Systeme gestürzt werden."

„Jetzt reichts's aber", der Genosse von der SDAJ schäumt vor Wut. Ein Wort gibt das andere, es wird brenzlig. „Es hat keinen Sinn, wir diskutieren mit euch nicht, verduftet endlich." Er packt sein Gegenüber am Arm, schubst ihn gewaltsam beiseite und rennt zum Camp zurück. „Ihr, mit eurer Friedensmacht Sowjetunion, einfach lächerlich", ruft einer der VORAN-Clique ihm nach, während er mit einem Winkzeichen seine Freunde zusammentrommelt. Tatsächlich, die unerwünschten Gäste ziehen ab. „Wat wollen die eigentlich, Revolution oder wat", fragt ein Unbeteiligter kopfschüttelnd. Die anderen um ihn herum wissen keine Antwort. Ohnehin haben die meisten von dem Gezeter keine Notiz genommen. Sie wollen endlich rein ins satte Vergnügen.

Inzwischen bin ich mit der VORAN-Zeitung unterm Arm zum Kartenverkäufer vorgedrungen. Wem ich diesen „Schwachsinn" denn andrehen wolle, fragt er eindringlich – auf meine Zeitung weisend. Ich versuche zu erklären, aber er schneidet mir das Wort ab: „Dann lies das kritisch, kannst ja mit den Genossen der DKP drüber reden."

Wenig später. Fetenstimmung total: Links am Rondell zieht ein feucht-fröhliches Grüppchen sich die Biere rein, rechts vor dem Festzelt ein paar Rocker, die grinsend das Treiben beobachten. Mittendrin: tobende Kinder, Mädchen, die Gymnastik machen, ein Schülercafé, in dem es jede Menge Kuchen gibt, wie auch einladende Sprüche à la „Nieder mit dem Männlichkeitswahn", und nur wenige Schritte davon entfernt das Zelt der DKP. Kein Wunder, daß dort ein Sammelpunkt ist. Frischer Kaffee, duftende Waffeln mit heißen Kirschen, dabei gemütlich auf den Holzbänken herumflezen, noch dösen oder sich wachlesen zum Beispiel mit der neuesten „UZ" vor der Nase, übrigens die Tageszeitung der DKP. Auf all den Tischen liegen Broschüren: Was ist Kommunismus?

Rundgang durch das Zelt. Da erzählen Bilder, Dokumente und Zeitungsartikel die Geschichte der kommunistischen Arbeiterbewegung im Ruhrgebiet nach 1945. Veteranen der KPD stehen rum. Doch sie bleiben allein. Sozialistische Ideen – aus den Boxen heizt amerikanische Rockmusik, Tina Turner powert „Break every rule". Die Jugendlichen quatschen mit Freunden, wollen einfach relaxen, abschalten vom täglichen Trott.

Draußen locken Stände mit Parolen und Slogans von „Weg mit der Abireform" über „Keine Angst vor Computern", zwischendrin mal „Atomwaffenfrei ins Jahr 2000", um Bäume gewickelt flattern weiße Laken mit Sprüchen wie „Kohle statt Atom", na und erst recht, knallhart und knochentrocken, fettgekliert in bunten Lettern, quer über die Bühne im Festzelt gespannt: „Frech, radikal, macht mit in der SDAJ". Schließlich ist das eine man klar: „Mehr Kommunisten braucht das Land". Ganz dieser Meinung muß Kalle sein; er ist 18 Jahre, seit drei Jahren SDAJler, Schlosserlehrling – er hat unzählige Buttons mit diesem Spruch an seiner Jeansjacke kleben. Gerade schwingt er feurige Reden: ,,Na, das mußt du den Leuten verklickern, was die da oben mit uns vorhaben, Scheißvolksaushorchung, alles Phrasengewäsch von wegen genauere Daten zur besseren Planung der gesellschaftlichen und wirtschaftlichen Bedürfnisse, absolut hirnrissig. Ich sag' dir, was die wollen, Strauß, Zimmermann und Konsorten" – Kalle wird ganz ruhig, als er der vor ihm stehenden Jenny, etwa 17, im flippigen Outfit, erklärt: ,,Die totale Kontrolle, der Überwachungsstaat, der noch perfekter wird, ja, und haste mal überlegt, was die Daten im Krieg für eine Rolle spielen, eine Schweinerei, da kann man nur Randale machen, mit Demos die Massen bewegen . . ." Jenny, leicht verwirrt, offensichtlich Besucherin auf dem Camp, weiß nicht so recht, was sie davon halten soll. ,,Ich finde, die Volkszählung kostet viel zu viel Geld, und wenn man verweigert, was bringt das schon?"

Die beiden werden unterbrochen. Zwei Mädchen scheppern mit ihren Sammelbüchsen: ,,Spenden für Radio Mandela – seid großzügig, Genossen, unterstützt den Befreiungskampf der Schwarzen in Südafrika." Einige klinken ein paar Münzen rein.

Zurück ins Festzelt: Erbsensuppe brodelt. Heavy Metal dröhnt aus den Boxen. Punker rocken im Rhythmus, ein Typ in schwarzen Kampfstiefeln, einer zerfetzten Jeans, pennt auf der Erde seinen Suff aus.

16 Uhr. Quer durch's Gemenge rennt ein Typ, brüllt: ,,Ey, Genossen, Genossinnen – Glasnost – Diskussionsrunde, kommt alle her, wir haben Gäste aus der Sowjetunion." Abseits vom Rummel, zwischen Bäumen und Gebüschen plazieren SDAJler schnell einige Tische und Bänke. Erstaunlich, von den mehr als 500 Campern und Schaulustigen eilen nur etwa 30 mit Papier und Kuli ausgerüstet zu den zwei Diplomaten der sowjetischen Botschaft aus Bonn. Eine kurze Vorstellung, ein heftiger Applaus.

Der blonde sowjetische Gast, in hellblauer Windjacke, Mitte 30, steht auf; er betrachtet ernst die Runde, ergreift das Mikrophon, nimmt Platz, sein Blick haftet an seinem Manuskript. Die KPdSU wolle ihr Land ,,besser" machen, eine ,,Generalüberholung im eigenen Haus" sei an der Zeit. Glasnost, so der Redner, sei zunächst einmal ,,die logische Fortsetzung der gesamten Entwicklung des Sozialismus seit dem großen Oktober." Manch fragende Blicke, aber fast alle wissen Bescheid, gemeint ist die russische Revolution von 1917. Glasnost, erklärt der Diplomat in einfachen Worten, bedeute ,,mehr Sozialismus, mehr Dynamik, mehr Transparenz, mehr Kollektivismus und mehr Demokratie". Was heißt das konkret im Alltag? Arbeiter und Angestellte sollen mehr Mitspracherechte erhalten, mehr Selbständigkeit in den Betrieben erlangen. Das Wahlsystem sei ,,vervollständigt" worden. Jeder Wähler könne jetzt unter einer größeren Anzahl von Kandidaten auswählen.

Eintönig sind die Worte, monoton der Tonfall. Kein Wunder, denn der Referent ist eigentlich nur ein Vorleser. Ob er die Zuhörer zu fesseln vermag? Schüchterne Zwischenrufe sprechen dagegen. ,,Warum kann der nicht frei reden, das ist doch alles ganz einfach – versteh' ich nicht", tuschelt da einer auf der Bank. ,,Pst – Pst", zischt sein Gegenüber. Der sowjetische Diplomat fährt unbeirrt fort und kommt abschließend zum Thema Frieden: Er spricht über den Abbau der Mittelstreckenraketen in Europa, auch über konventionelle Abrüstung, da wird er nachdenklich: ,,Ohne einen sicheren Frieden ist jede Umgestaltung sinnlos.

Einige sind müde geworden, haben abgeschaltet, denn fast 30 Minuten hat er ohne Pause abgelesen. Der Redner ist zum Ende gekommen – alle klatschen ihm Beifall.

,,Nun laßt uns endlich über Glasnost diskutieren", ruft ein Mädchen aus dem Kreis. Da meldet sich ein langhaariger Freak zu Wort. ,,Die Veränderung in der Sowjetunion finde ich echt gut. Im Betrieb kann ich jetzt mit den Kumpels viel offener über den real existierenden Sozialismus diskutieren", sagt er. „Aber in der BRD will man uns immer einreden, daß die Umgestaltung in der Sowjetunion eine Revolution von oben sei. Stimmt das, wie, Genossen, seht ihr das?" Der seriös gekleidete Gast ist gefragt. Ein wenig zynisch fällt seine Antwort aus: „Revolution von oben? Wer ist damit gemeint – die Regierung, das Zentralkomitee, die Militärs, die Diplomaten, und unten das Volk, die Arbeiter, Angestellten und Bauern – eine solche Betrachtungsweise ist falsch! In allen gesellschaftlichen Bereichen sei Unmut über die bürokratische Bevormundung lautgeworden. Viele Parteifunktionäre hatten sich auf ihren Posten ausgeruht, zu der schöpferischen Entwicklung des Sozialismus nichts mehr beigetragen." Rechtzeitig habe man nun die „negativen Erscheinungen im bürokratischen Apparat" festgestellt; nun müssen „Taten" folgen. Einer nuschelt: „Da werden Köpfe rollen, Köpfe rollen . . . " „Nein", beschwichtigt der Referent, der den halb singenden Spruch deutlich vernommen hatte, „als Kommunisten müssen wir demokratischer sein als alle anderen. Kritik ist eine wichtige Waffe, um sich reinzuhalten. Viele Funktionäre gehen selbst, weil sie nicht in unsere Zeit passen." Und zögernd: „Sie haben ihre Arbeit getan." Ohne Widerspruch nicken die Zuhörer dem sowjetischen Genossen zu.

„Gibt es in der Sowjetunion auch eine Volkszählung?", fragt ein schüchternes Mädchen leise. „Selbstverständlich, alle zehn Jahre wird bei uns eine Volkszählung durchgeführt", bekommt sie zur Antwort, „aber die kann man mit der Zählung in der BRD nicht vergleichen. Unsere Volkszählung dient ausschließlich dem Wohle der Menschen." Dem hat er nichts mehr hinzuzufügen. Ob die jungen Leute sich damit zufriedengeben? Es scheint so, denn keiner in der Runde hakt kritisch nach.

Schon fast 18 Uhr. Im Hintergrund röhrt Black Sabbath. Einige trollen zum Festzelt, andere verharren, fragen weiter. „Daß die Sowjetunion mit der BRD Geschäfte macht, Handel treibt, das sei ja noch zu akzeptieren, aber dieses sogenannte Gemeinschaftsunternehmen zwischen der Sowjetunion und der Bundesrepublik, das bringt doch überhaupt nichts", poltert Kalle, total engagiert. „Bedeutet das nicht, daß die westlichen Kapitalisten die Arbeiter in der Sowjetunion ausbeuten?" „Mann, so ein Schwachsinn", gröhlt ein blonder Typ in schwarzer Latzhose. Dem reicht's jetzt auch, trottet davon. Der vornehm wirkende sowjetische Diplomat zieht eine gequälte Grimasse und stutzt: „Ausbeutung bei uns? Das ist per Gesetz verboten. Wir wollen, auch das ist eine Folge von Glasnost, Vertrauen wagen, mit dem Westen mehr Geschäfte machen, genauer gesagt intensiver zusammenarbeiten. Von den gemeinsam erzielten Gewinnen bei der Produktion in der Sowjetunion erhalten die deutschen Firmen 49 %, wir hingegen 51 % – ist das etwa Ausbeutung?" Kalle schüttelt seine rotblonden Locken. „Aber", er will gerade ansetzen, da unterbricht ihn der Diskussionsleiter. „Also, Genossen, wir wollen zum Ende kommen, eine letzte Frage."

Ein etwa 20jähriger schnappt aufgeregt mit dem Finger. „Wir", dabei zeigt er auf seinen Freund, der neben ihm leicht fröstelnd im weißen Unterhemd sitzt, „interessieren uns vor allem dafür, ob im Rahmen von Glasnost nun endlich der brutale Paragraph getilgt wird, der Homosexualität bei euch unter Strafe stellt." Beide, das wird klar, gehören der DKP-Homosexuellengruppe an. Sexualwissenschaftler der DKP wären anhand von Untersuchungen zu dem Ergebnis gekommen, daß Homosexualität dasselbe sei wie Heterosexualität. „Es gibt keine Verführung zur Homosexualität", versucht der eine den sowjetischen Gästen zu erklären. Die jedoch sind da gänzlich anderer Meinung. „Homosexualität akzeptieren wir nicht. Das ist ein rein medizinisches Problem, darüber müssen die Ärzte entscheiden. Wir haben eben andere Traditionen – Homosexualität ist unnatürlich.“ Einer der beiden Schwulen reagiert mißmutig. „Wie kann man so mit Minderheiten umgehen, Lenin war damals viel fortschrittlicher.“

„Na ja“, der Diskussionsleiter versucht die beiden Genossen zu beruhigen, „wir wollen doch jetzt keinen Streit vom Zaune brechen.“ Ohne weiter auf den Disput einzugehen, dankt er den beiden Genossen für ihr Kommen, derweil klatschen die Zuhörer. Einer meint ganz versöhnlich: „Wir müssen ja auch nicht in allen Punkten die gleiche Meinung vertreten.“ Keine Reaktion.

„Moment mal, wer von euch ist noch nicht Mitglied der DKP? Ich diskutiere mit jedem über die Ziele der Partei in unserem Zelt“, ruft ein älterer Mann mit zugeknöpfter brauner Lederjacke, so eine Art Baskenmütze in die Stirn gezogen, den Davonlaufenden nach. „Au Backe, jetzt fängt der wieder mit seinem Werbungsgeseier an“, ereifert sich Max. „Fast jeder SDAJler ist auch DKP-Mitglied, was soll das Geschwätz.“ Max, Eletromechaniker, seit drei Jahren bei der SDAJ und schon ein Jahr in der DKP, charakterisiert sich selbst als eine „richtig frustrierte Parteileiche“. Hat „keinen Bock“ mehr auf die Organisation, und generell sind es vor allem „die Kumpels“, die ihn noch halten. Das war deutlich. Doch warum und wieso er keine Lust mehr hat, weiß er nicht auszudrücken. Da „schwirren so viele Dinge im Kopf herum“, er sei „politisch konfus“. Und ob die Kommunisten wirklich das „einzig Wahre“ wären, an diesem „Gedankenprozeß“ habe er bestimmt noch länger zu „knacken“.

Jetzt allerdings ist wieder action angesagt. Für ein Volleyballspiel werden zwei Mitspieler gesucht. Max ist dabei. Im Festzelt steht für 20 Uhr eine türkische Folkloreband auf dem Programm. Zur Zeit sorgen vorerst Santana-Rhythmen für Stimmung. Mehr und mehr junge Leute tummeln sich auf dem Gelände, teilweise sind auch ältere DKP-Genossen hinzugekommen. Da wird gemampft und gebechert, was das Zeug hält. Verständlich, ein so buntes Fest gibt es schließlich nicht alle Tage.

II. Auf die Dauer hilft nur Power

Starke Sprüche haben sie immer auf Lager: die SDAJler. Power machen, Dampf ablassen, heiße Feten organisieren, Jugendliche mit Polit-Infos versorgen, mehr noch: Für alle SDAJler gilt die harte Devise „Kämpfen, Mitglieder werben und ordentlich was losmachen". Denn sie sind nicht nur so ein Freizeitverein, ein Haufen lustiger Spinner oder einfach eine Clique, die eben gut drauf ist.

Sie selbst sehen sich als junge „Revolutionäre", als „Friedenskämpfer" und als die „einzige Organisation der lernenden und arbeitenden Jugend in der BRD". Nur die SDAJ könnte auf alle gesellschaftlichen wie politischen Fragen „glasklare" Antworten geben. Hohles Gefasel? Wohl kaum. Mit all ihren lockeren, knackigen Parolen wie „Wer sich nicht wehrt, der lebt verkehrt" oder „Her mit dem ganzen Leben" wollen sie nicht nur junge Leute beeindrucken. Dahinter steht eine ebenso „glasklare" politische Zielsetzung.

Die jungen Kommunisten halten es alle mit Marx, Engels und Lenin. Und ihr Verband wurde am 4./5. Mai 1968 – anläßlich des 150. Geburtstags von Karl Marx – im Schloß Borbeck in Essen gegründet. Sie kämpfen für eine sozialistische Bundesrepublik. Was verstehen sie darunter? In der marxistisch-leninistischen Ideologie nennt man das die „Diktatur des Proletariats". Das sagen die SDAJler so offen aber nicht. Dafür haben sie gute Gründe.

1. Das offene Bekenntnis zur Diktatur verschreckt manchen Jugendlichen.

2. Die SDAJ hätte Schwierigkeiten, mit demokratischen Jugendorganisationen zusammenzuarbeiten.

3. Das Bekenntnis zur „Diktatur des Proletariats" steht

im Widerspruch zum Grundgesetz der Bundesrepublik Deutschland. Das Grundgesetz trifft Vorkehrungen zum Schutz der demokratischen Ordnung, und nach Artikel 21 Abs. 2 GG können Parteien, die die demokratische Grundordnung bekämpfen, verboten werden.

Aber jeder kann in der Satzung der SDAJ lesen: „Die SDAJ kämpft auf dem Boden des bestehenden Grundgesetzes". Das Ziel ihres Kampfes hat jedoch mit unserer Ordnung nichts mehr zu tun. Selbstbewußt bekennt die SDAJ: „Die DDR ist der erste Staat des Sozialismus auf deutschem Boden. Wir sind stolz darauf." Mit eigenen „Aufklärungskampagnen" wollen sie die „Wahrheit" über die DDR verbreiten, aber nicht nur über sie: ihr Leitstern, ihr politisches Vorbild ist vor allem die Sowjetunion. „Denn die Sowjetunion ist das größte und mächtigste sozialistische Land. Dort ist das Wirklichkeit, wofür wir kämpfen . . . Die SDAJ hat an ihrer solidarischen Verbundenheit mit der Sowjetunion . . . nie einen Zweifel aufkommen lassen . . . Die Sowjetunion war der erste Staat der Welt, in dem die Arbeiterklasse die Macht errichtete und mit dem Aufbau des Sozialismus begann." Der das so sagte, ist Werner Stürmann. Von 1979 bis 1984 war er Bundesvorsitzender der SDAJ, seit 1978 ist er Mitglied des Parteivorstandes der DKP. Seit 1984 leitet Birgit Radow als Bundesvorsitzende den marxistisch-leninistischen Jugendverband. Auch sie gehört zum Parteivorstand der DKP. 1985 wurde sie in das Präsidium des Parteivorstandes gewählt. Kein Zufall übrigens, daß SDAJ-Funktionäre Mitglieder der DKP sind. Das ist für sie die „revolutionäre Partei der Arbeiterklasse", da trifft man die „treuesten Kampfgefährten" für eine sozialistische Bundesrepublik. Die Deutsche Kommunistische Partei (DKP) wurde im September 1968 gegründet, fünf Monate nach der SDAJ. Der spätere DKP-Vorsitzende Herbert Mies nahm schon an der Gründungsversammlung der

SDAJ teil. Damals im Mai 1968 gehörte Mies noch zur Führung der 1956 vom Bundesverfassungsgericht verbotenen Kommunistischen Partei Deutschlands (KPD).

Wie selbständig ist die SDAJ als Jugendverband? Birgit Radow betonte auf dem 9. Bundeskongreß der SDAJ Anfang Mai 1987 noch energisch:

„In der SDAJ organisieren wir uns selbst. Sich selbst zu organisieren – das heißt, selbst zu entscheiden, was laufen soll . . . Selbstorganisation heißt: Selber zu denken, was vor Ort richtig ist, selbst machen, was gemeinsam als richtig erkannt wurde . . .“ SDAJler erklären auch jedem, der es wissen will: „Wir sind parteipolitisch gebunden.“ Doch davon kann keine Rede sein. Oft genug bekräftigen SDAJler die volle Übereinstimmung mit der DKP: „Als marxistische Jugendorganisation ist die SDAJ eng verbunden mit der Partei, die . . . auf der Seite der arbeitenden und lernenden Jugend zu finden ist und in ihren Reihen die Vorkämpfer für die Rechte der Arbeiterjugend vereint – mit der Deutschen Kommunistischen Partei . . . eine starke Arbeiterbewegung, die Entwicklung ihres Klassenbewußtseins – das geht nur mit einer starken kommunistischen Partei, mit einer starken DKP. Die Kommunisten sind Freunde der SDAJ, Kampfgefährten . . . Macht die DKP stark.“

Und was sieht die DKP in der SDAJ?

„Die DKP als Partei der Erneuerer und Revolutionäre zu stärken, ist eine große und immer eine gute Sache. Das erkannt zu haben, ist es, was wir an der SDAJ ebenso schätzen wie ihren eigenen schöpferischen Beitrag als eine erneuernde und revolutionäre Kraft in der jungen Generation unseres Landes. Die SDAJ geht keinen opportunistischen Kurs. Sie steht zu Marx, Engels und Lenin, und sie steht in der Kampfgemeinschaft mit der revolutionären Partei der Arbeiterklasse unseres Landes, der Deutschen Kommunistischen Partei.“

SDAJ und DKP – mehr als nur Kampfgenossen? Hat Max auf dem Pfingsttreffen übertrieben, als er sagte, daß „fast alle SDAJler Mitglied der DKP sind"? Tatsache ist, von den rund 15 000 Mitgliedern des stärksten kommunistischen Jugendverbandes in der Bundesrepublik gehören schätzungsweise 40 % der DKP an. Was bedeutet das für die praktische Zusammenarbeit? Formal betrachtet ist die SDAJ in ihrem Aufbau von anderen politischen Jugendverbänden nicht zu unterscheiden. Es gibt einen Bundesvorstand, Landesverbände, Kreisverbände etc. Auch die innerverbandliche Willensbildung scheint auf den ersten Blick bei der SDAJ nicht anders zu verlaufen, als es in der Praxis bei den Jungsozialisten, der Jungen Union oder der Gewerkschaftsjugend üblich ist. Auch die SDAJ nominiert und wählt ihren Bundesvorstand auf einem Kongreß und beschließt dort ihre Grundsatzpapiere. Aber hier liegen dann auch die Unterschiede. Der Streit z.B. bei den Jusos, wer Vorsitzender werden soll oder wie die verschiedenen Flügel im Vorstand sich repräsentieren, ist bei der SDAJ unbekannt. Ebenso wenig gibt es öffentliche Auseinandersetzungen über die Beschlüsse zur Verbandspolitik. Es gehört zu den Merkmalen eines marxistisch-leninistischen Jugendverbandes, geschlossen und diszipliniert die einmal festliegende Linie umzusetzen. Wer aber bestimmt die Linie? Wohl kaum die SDAJ. Sie wird von der DKP nicht nur unterstützt, sondern auch kontrolliert und angeleitet. Schon deshalb, weil

1. hauptamtliche Funktionäre der SDAJ DKP-Mitglieder sind,

2. alle SDAJ-Bundesvorsitzenden bislang Mitglied der DKP-Führung waren,

3. Die SDAJ-Funktionäre regelmäßig der DKP über die Arbeit ihres Verbandes berichten und die Parteibeschlüsse in der SDAJ umsetzen müssen.

4. Partei und Jugendverband begründen ihre Politik mit der gleichen Weltanschauung: dem Marxismus Leninismus.

Lieber heute als morgen würde die SDAJ die Bundesrepublik nach DDR-Fasson umkrempeln. Wie aber will die SDAJ zu ihrem Ziel gelangen – genauer gesagt, zu einer sozialististischen Revolution?

„Das Problem ist: Ohne die Arbeiter wird die Revolution nie etwas",

sagte der damalige Bundesvorsitzende Werner Stürmann im Jahre 1982 auf dem 7. Bundeskongreßtag der SDAJ. Und ohne die Arbeiter, das weiß die SDAJ, kann auch die „Diktatur des Proletariats" nicht durchgesetzt werden. Welchen Schluß ziehen SDAJler daraus, was sind ihre vorrangigen Aufgaben, ihre politischen Pflichten?

Die SDAJ-Bundesvorsitzende Birgit Radow hat auf dem 9. Bundeskongreß der SDAJ im Mai 1987 zwei Schwerpunkte hervorgehoben:

1. „Die Gewerkschaftsjugend muß stärker werden . . . denn die Arbeiterjugend ist der Teil der Arbeiterklasse, der entscheidenden Kraft im Kampf für Gesellschaftsveränderungen" – daraus folgt, „wir wollen, daß mehr SDAJlerinnen und SDAJler Mitglied der Gewerkschaftsjugend werden, dort aktiv mitarbeiten".

2. „Wir brauchen viel mehr Mitglieder: Wir wollen Gruppen in den Städten, in viel mehr Stadtteilen, wir wollen uns verankern Schritt für Schritt. Systematisch. Wir wollen mehr Einfluß erreichen."

Da stellt sich die Frage, wieviele SDAJ-Gruppen gibt es heute in der Bundesrepublik? Nach eigenen Angaben hat der Verband 1.088 Gruppen, davon 216 Betriebsgruppen und 223 Schulgruppen. Die Appelle der Bundesvorsitzenden machen allerdings deutlich, daß die Führung unzufrieden ist. Eigentlich gibt sich die SDAJ gerne als Jugendbewegung aus, die die Forderungen der Jugendlichen erfüllt. So sagte Birgit Radow auf dem 9. Bundeskongreß:

„Wir sagen: Her mit dem ganzen Leben! und wollen ein Stück davon in der SDAJ vorwegnehmen. Leben und kämpfen ist für uns eine Einheit. Wir erziehen uns selbst und gegenseitig zu Mut und Selbstvertrauen, zu gegenseitigem Vertrauen. Offenheit und Solidarität."

„Dieses Versprechen, daß die SDAJ das neue, freiere soziale Leben der Jugend spielerisch vorwegnimmt, steht im Widerspruch zur Selbstkritik der SDAJ-Funktionäre, die Radow im gleichen Atemzug zum Ausdruck bringt:

Eigentlich müßten Jugendliche nur so zu uns strömen, in den Gruppen der SDAJ mitmachen, selber welche gründen. Warum klappt das in Wirklichkeit noch nicht . . . Wir sind ein Jugendverband. Aber reden wir nicht viel zu häufig über ‚die Jugend', als wären wir Betrachter und Beobachter . . . Handeln wir nicht oft so, als ob alles, was in den Gruppen passiert, vorher durch die Köpfe der Kreisgeschäftsführungen ‚durchgegangen' sein muß? Betrachten wir nicht oft die Gruppen nur als ‚Umsetzungstrupps' der Beschlüsse übergeordneter Leitungen?"

Radow, Mitglied des DKP-Parteipräsidiums, beklagt, daß es zu wenig SDAJ-Gruppen gibt. Über ihre Mitgliederzahlen sprechen SDAJler nur zurückhaltend. Sie bevorzugen ungefähre Angaben und kokettieren mit der Zahl 30 000. Einig sind sich die Beobachter, daß die Mitgliederzahlen bei ungefähr 15 000 stagnieren. So ist es nur verständlich, wenn Birgit Radow auf dem 9. Bundeskongreß die Frage an die Delegierten richtet: „Warum nehmen wir viele neue Mitglieder auf, aber viele bleiben nach kurzer Zeit wieder weg?" Ihre Forderung an alle: „Wir brauchen viel mehr Mitglieder."

Nach dem Motto – „Bewegen – Organisieren – Stärker werden" verlangt die SDAJ von ihren eigenen Leuten:

Jeder sollte ,,Klassensprecher", ,,Schülervertreter", ,,Jugendvertreter" im Betrieb werden. Nur als ,,Betriebsräte" oder als ,,Vertrauensleute" kommt man ran an die Jugend. Schließlich wollen SDAJler von anderen Jugendlichen als junge Revolutionäre erkannt werden. Denn ,,nur wenn wir die Ideen von Marx, Engels und Lenin in die Bewegungen hineintragen, gewinnen sie die Sprengkraft, die zur Überwindung der kapitalistischen Gesellschaft notwendig ist". Logisch, was soll der ganze Kampf um eine ,,bessere Welt" würden SDAJler nicht jede Möglichkeit nutzen, ,,sozialistisches Bewußtsein" in die Jugend hineinzutragen. Das ist Pflicht, so steht es in ihrer Satzung. Damit ist zwar noch keine Revolution zu machen, aber Gruppen gründen, jeden aufnehmen, der mit diesem Staat nichts anfangen kann, sich hier ,,verarscht" oder ,,verheizt" vorkommt – all die will die SDAJ an sich ziehen, motivieren für ihren Kampf.

,,In diesem Kampf hat jeder seinen Platz, und für diesen Kampf brauchen wir jeden. Jede Unzufriedenheit, jede Hoffnung, jeder Wille, etwas zu ändern, muß sich entwickeln zusammen zur großen Energie, die Gesellschaft zu verändern."

Wohin dieser Aufruf führen soll, sagen SDAJler, ohne drumherum zu reden:

,,Ob aus der unpolitischen Jugend eine politische Kraft wird, hängt von unserer Fähigkeit ab, ihre Fragen aufzugreifen, einzelne Aktionen zu Bewegungen zu vereinigen, Kritik an Erscheinungen zur Kritik am kapitalistischen System zu führen und Klassenbewußtsein unter der Jugend zu entwickeln."

Auch das macht Sinn. Ohne ,,Massenbasis", ohne ,,gemeinsames Handeln" und ohne ,,Organisationen" kommt man im Kampf um Sozialismus nicht voran. Ein ganz wichtiges Prinzip der SDAJ. Sie selbst sagen: ,,Unsere Stärke liegt in unserer Organisiertheit."

Einzelaktionen kleiner Anarchotruppen, Spontis, die gegen alles, was sie nervt, Randale machen, werden von der SDAJ politisch nicht ernstgenommen. Warum auch, viele dieser Gruppen haben für sie nur konfuse Gedanken, kein klares Ziel vor Augen. Wen wundert's, daß sie sich mit denen nicht abgeben. Besonders aggressiv, ja feindselig reagiert die SDAJ auf diejenigen, die für einen anderen Sozialismus kämpfen, deren Idealstaat weder die DDR noch die Sowjetunion ist. Der Zusammenstoß zwischen SDAJ-Ordnern und den jungen Zeitungsverkäufern vor dem Pfingstcamp machte unmißverständlich klar, daß sozialistische Konkurrenten von der SDAJ nicht akzeptiert, geradezu bekämpft werden.

An ihre eigenen Kämpfer stellt die SDAJ hohe Ansprüche. Im Verband soll der Jugendliche notwendige Eigenschaften entwickeln. Gefragt sind vor allem: „Mut“ – „Ausdauer“ – „Überzeugungstreue“ und „Disziplin“. Das alles brauche der Jugendliche für die „zielbewußte und organisierte Aktion“.

Herbert Mies, Chef der DKP, findet mehr als lobende Worte für den Kampfgeist, den die SDAJ sich auf ihre roten Fahnen geschrieben hat:

„Der Kampf der SDAJ ist ein Kampf, der sich lohnt. Wer an diesem Kampf teilnimmt, der bewegt Jugend. Der bewegt Jugend in die richtige Richtung. Und darauf kommt es an.“

III. Die versprochene Zukunft und der reale Sozialismus

Die SDAJ kämpft um die sozialistische Zukunft der Bundesrepublik. Die SDAJ behauptet, die gesellschaftlichen und politischen Verhältnisse in der Bundesrepublik verlangen deren revolutionäre Veränderung. Die SDAJ verspricht, daß in einer zukünftigen sozialistischen Bundesrepublik gerade für die Jugendlichen „goldene Zeiten" anbrechen.

Das Schulungsbuch der SDAJ: „Grundwissen für junge Sozialisten" beschreibt die sozialistische Zukunft. So verspricht die SDAJ, im Sozialismus gibt es für die Jugend „schrankenlose Bildungschancen. Es gibt keine Bildungsprivilegien". Welcher Jugendlicher träumt nicht davon, in einer Gesellschaft zu leben, die ihm die freie Entfaltung, die Verwirklichung seiner persönlichen Wünsche ermöglicht. An diese Sehnsucht vieler Jugendlicher nach einer „besseren Welt" knüpft die SDAJ an. Der Sozialismus ist ihre Antwort auf die Suche nach einer besseren Welt. Versprechungen kann man glauben oder nicht, aber man kann sie nicht überprüfen. Im Fall der SDAJ allerdings sind wir nicht gezwungen, nur ihre Träume für bare Münze zu nehmen. Der Sozialismus, den die SDAJ in der Bundesrepublik verwirklicht sehen möchte, wird in der Sowjetunion und in der DDR seit Jahrzehnten aufgebaut.

Sozialismus ist die Macht der Arbeiterklasse, ist Frieden, ist Mitbestimmung, ist Kultur und Bildung, und im Sozialismus sind die Menschenrechte verwirklicht. Diese sozialistischen Visionen sollen Jugendliche zum Mitkämpfen motivieren. Was in der Bundesrepublik Zukunft sein soll, ist nach Aussage der SDAJ in der DDR in Grundzügen schon

Gegenwart. Wir können nicht die versprochene Zukunft überprüfen, wir müssen uns an die Vergangenheit und Gegenwart halten. Wir konfrontieren deshalb die sozialistischen Zukunftslosungen der SDAJ überwiegend mit Erfahrungen von unabhängigen Friedensgruppen der DDR, mit der sozialistischen Wirklichkeit aus der Sicht eines ukrainischen Arbeiters und von Jugendlichen im realen Sozialismus der DDR. Sie haben in den Jahren von 1985 bis 1987 die DDR, teilweise unter Lebensgefahr, verlassen.

Wir verzichten darauf, unsere Interviewpartner mit ihrem Namen und ihrem Heimatort vorzustellen. Damit entsprechen wir ihrer Bitte um Anonymität, nicht zuletzt aus Rücksicht auf in der DDR zurückgebliebene Angehörige.

1. Der Traum vom Sozialismus

SDAJ:

> *„Im Sozialismus bestimmen die arbeitenden Menschen. Ihnen gehören die entscheidenden Produktionsmittel, also die Fabriken, Rohstoffe, Grund und Boden und auch die Banken. Sie gestalten die Entwicklung nach ihrem eigenen zielbewußten Plan."*

Unzweifelhaft war der Traum von der sozialistischen Gesellschaft als der Selbstbestimmung der arbeitenden Menschen die geistig-moralische Voraussetzung für die Entstehung der sozialistischen Arbeiterbewegung im 19. Jahrhundert. Aber nach der Ideologie der SDAJ ist der Sozialismus seit 1917 nicht mehr nur eine Vorstellung, sondern in den Ländern des realen Sozialismus vorbildliche Wirklichkeit. Also muß die Verheißung der SDAJ an dieser Wirklichkeit überprüft werden und da kann von der Selbstbestimmung der Arbeiter keine Rede mehr sein. Tatsache ist: Der Plan für die Entwicklung der sozialistischen Wirtschaft in der Sowjetunion und der DDR wird von der Partei beschlossen und festgelegt. Auf die Schwerpunkte können weder Arbeiter, Betriebsdirektoren noch die Verbraucher Einfluß nehmen. Was mit menschlicher Arbeit in Fabriken und Büros und mit Rohstoff, Grund und Boden getan werden soll, ist in der DDR und in der Sowjetunion nicht Sache der arbeitenden Menschen, sondern der herrschenden kommunistischen Partei.

2. Die Macht des Volkes

SDAJ:

> *„Die politische Macht der Arbeiterklasse – ‚Alle Macht geht vom Volke aus' – ist im Sozialismus reale Wirklichkeit."*

Alle Macht geht im realen Sozialismus ausschließlich von der kommunistischen Partei aus. Sie selbst nennt sich die Avantgarde, anders gesagt, „organisierter Vortrupp", der „Führer" der Arbeiterklasse. Die Partei bestimmt als Staatspartei das gesamte gesellschaftliche Leben. Eben weil die kommunistische Partei in der DDR, in der Sowjetunion wie in allen sozialistischen Staaten absoluten Führungsanspruch erhebt, werden die Arbeiter und das „Volk" gezwungen, sich allen Beschlüssen der Partei zu unterwerfen.

Eine von Staat und Partei unabhängige DDR-Friedensgruppe hat in einer Eingabe an Erich Honecker und die SED im April 1986 die Allmächtigkeit der Staatspartei beschrieben:

„‚Die Partei, die Partei, die hat immer recht!' Dieses gegenwärtig zu Ehren des 11. Parteitages (April 1986) so häufig von FDJ-Singegruppen (Freie Deutsche Jugend, der einzig zugelassene Jugendverband der DDR, d.A.) dargebrachte Lied zeigt eindeutig den Anspruch der Partei, alle Bereiche des staatlichen gesellschaftlichen Lebens allein zu beherrschen und zu kontrollieren. Sie bestimmt demzufolge Ökonomie, Ideologie sowie die Innen- und Außenpolitik des Staates, also Wirtschafts-, Wissenschafts-, Kultur- und Sozialpolitik sowie den Schutz des Staates nach innen und außen . . . Die SED – die Partei – bezeichnet sich in ihrem Statut als ‚führende Kraft der Organisation der Arbeiterklasse und der Werktätigen der staatlichen und gesellschaftlichen Organisationen' (Statut der SED 1981). Das heißt, die Parteiideologie ist Staatsideologie – Staatsmacht ist Parteimacht – Parteiräson ist Staatsräson. Aufgrund ihres hierarchischen Aufbaus hat die Partei die Möglichkeit, von zentraler Ebene angefangen, wo staatliche Leistungen im Politbüro kaum unterscheidbar sind, bis nach unten in die kleinsten Bereiche (Gruppen- und Wohnbezirksparteiorganisationen) die derzeit herrschende Parteilinie mittels Disziplin ihrer Mitglieder durchzusetzen. Parteidisziplin bedeutet, den Beschluß der Partei unter allen Umständen . . . zu befolgen und wahrzunehmen. Es gibt für einen Genossen nichts Schlimmeres, als gegen diese Befehlsstruktur zu verstoßen. . . . Zwar fordert das Parteistatut im Rahmen der innenparteilichen Demokratie die freie, sachliche Diskussion zu Fragen der Parteipolitik sprich Staatspolitik. Doch finden solche Diskussionen kaum statt. Sie werden bereits im Keim erstickt . . . Es gibt also keine Parteiöffentlichkeit, keine offene Auseinandersetzung und keine Publikationen zu solchen Fragen. Die offizielle Parteilinie soll – so sagt die Partei – ‚allgegenwärtig' durchgesetzt werden von jedem Genossen, denn wo ein Genosse ist, da ist die Partei, und die Partei hat immer recht."

Die Partei rechtfertigt ihre Herrschaft mit der angeblichen Interessenvertretung für die Arbeiter ab. Die Arbeiter haben aber im Sozialismus keine wirkliche Interessenvertretung. Unabhängige Gewerkschaften gibt es nicht. Die Gewerkschaft im Sozialismus ist eine kommunistische Richtungsgewerkschaft, die sich zum Marxismus-Lenininsmus bekennen muß und damit zur führenden Rolle der Partei, deren Beschlüsse sie auszuführen hat. Das Recht auf Streik wird Arbeitern und Angestellten verwehrt.

1976 hat ein ukrainischer Arbeiter einen Brief an den damaligen KPdSU-Führer Leonid Breschnew geschrieben. Die Amtszeit von Breschnew wird seit dem Machtantritt von Michael Gorbatschow im Jahre 1985 als Chef der KPdSU kritisiert. Gorbatschow selbst bezeichnete im Februar 1987 die letzten 15 bis 17 Jahre als die, die wir bezogen auf den wissenschaftlich-technischen Fortschritt „verloren haben". Gorbatschow verfolgt einen Kurs der „Umgestaltung" der sozialistischen Gesellschaft in der Sowjetunion. Er propagiert „Glasnost", Offenheit gegenüber den Problemen des Landes. Welche Probleme die Arbeiterklasse in der Sowjetunion in der Amtszeit Breschnews hatte, schildert dieser Brief des ukrainischen Arbeiters. Solche Erfahrungen waren und sind Alltag in der Sowjetunion.

Offener Brief eines ukrainischen Arbeiters an Leonid Breschnew

„Offener Brief an den Generalsekretär des Zentralkomitees der Kommunistischen Partei der Sowjetunion Leonid Breschnew von Leonid Mykhaylovych, einem Arbeiter, Bürger und Vater von sechs Kindern

Wir bitten Sie, unsere Ausreise in eines der drei folgenden Länder: Kanada, USA, Australien, so schnell wie möglich zu genehmigen. Am 16. Februar haben wir an den 25. Parteitag der KPdSU einen Brief geschickt. Wir haben darin sehr ausführlich unsere Lebensbedingungen beschrieben und haben erklärt, daß wir uns weigern, unter solchen Bedingungen weiterzuleben. Wir haben auch geschrieben, daß es unmöglich ist, mit 50 Rubeln pro Person zu leben, womit offiziell die Mindestbedürfnisse eines Menschen gedeckt werden sollen. Aber wir besitzen nicht einmal soviel. Wir sind zu acht, die wir uns in dieser Lage befinden: ich selbst, meine Frau und meine sechs Kinder. Unser Gesamteinkommen beträgt 195 Rubel, zusätzlich eine Familienbeihilfe für die drei Kinder unter acht Jahren von 36 Rubeln und 13 Rubel aus dem STBEZ (Fürsorge für die Kinder). Führt man die Steuern, den Gewerkschaftsbeitrag und die Miete ab, bleiben 180 bis 190 Rubel. Ich mag mich im allgemeinen nicht wiederholen. Aber ich habe zu verschiedenen Gelegenheiten Briefe an die Gewerkschaften, die Zeitungen, den Obersten Sowjet und das Zentralkomitee der KPdSU geschrieben, aber sie haben mir nicht geholfen und es nicht für nötig gehalten, mir zu antworten. Dennoch will ich von neuem einige Probleme aufwerfen. Ich bin kein Parteimitglied, ich bin Arbeiter und Mitglied der Gewerkschaft seit 1952. Ich habe offiziell erklärt, daß ich mit der Politik der Partei und der Regierung in folgenden Fragen nicht einverstanden bin:

1. a) Die Lohnerhöhungen sind zu gering und zu selten. So steht es in unserem Lohnbüro geschrieben: ‚Ihr werdet nicht mehr als 140 Rubel im Monat bekommen.‘

b) Die Prämien und der Stücklohn werden oft rückgängig gemacht. Dann bekommt man gerade 5–6 Rubel pro Tag, das ist der Normaltarif. Doch die Arbeitsbedingungen verbessern sich nicht. Die Technologie ist immer dieselbe, und es fehlt immer an Material. Ich muß mein eigenes Werkzeug zur Arbeit mitbringen. Es scheint, als werde dem Arbeiter immer mehr Blut und Schweiß ausgepreßt, aber ihm immer weniger dafür gezahlt.

2. a) Seit 1960 sind die Preise in unserem Land stark ge-

stiegen. In den staatlichen Kaufhäusern sind die Nahrungsmittelpreise um 30–40 % gestiegen, so z.B. Fleisch, Eier, Butter, Speck, Honig und andere Produkte.

b) Von den einzelnen Produkten kann man folgende Rationen in Kaufhäusern kaufen: 2 Kilo Brot, 1 Kilo Mehl und Teigwaren, 1 Kilo Zucker, 1/2 Kilo Butter, Fett usw.

c) Fleisch, Butter, Kartoffeln, Karotten, Kohl und andere Erzeugnisse findet man oft gar nicht.

d) Zahlreiche Lebensmittelgeschäfte haben geschlossen, dafür ist fast an jeder Ecke ein Bier- und Wodkaauschank eingerichtet worden. Unsere Kinder werden an den Alkohol gewöhnt.

3. a) Unterstützung für kinderreiche Familien gibt es nicht. Wenn wir Schlange stehen, zeigen wir unsere ‚Verdienstmedaille für kinderreiche Familien'. Aber deswegen bekommen wir noch keine Milch. In den Geschäften sagt man uns: ‚Zeig mir, wo auf deiner Medaille geschrieben steht, daß du das Recht hast, Lebensmittel zu bekommen, ohne zu warten, bis du an die Reihe kommst, und mehr, als die Ration vorschreibt.' Wir können nur mit den Achseln zucken. Es ist wahr – welche Rechte hat eine kinderreiche Familie? Gar keine. Vielleicht sollen wir uns die Medaille an die Brust anheften und sie den Kindern zum Bestaunen geben statt zu essen. Was nützt sie uns? Kinderreiche Familien bekommen nicht ohne weiteres eine Wohnung, wie das Gesetz es vorschreibt. Wenn man eine bekommt, dann nur durch Korruption oder nach dem Motto ‚Ich werde euch etwas geben, was kein Mensch haben will'. Grundsätzlich werden diese Familien in der Schule, am Arbeitsplatz und im Alltag schlecht behandelt.

b) Die ärztliche Versorgung ist mangelhaft. Die Ambulanz kommt nicht, wenn man sie ruft, und die Ärzte kümmern sich nicht um ihre Aufgabe. In den Krankenhäusern ist die ärztliche Behandlung mittelmäßig wie auch die ganze

Versorgung und das Essen. Es ist hier ein bißchen wie in der ‚Geschichte des Großinquisitors‘: Wenn der Patient sich gut aufführt, wird er von selbst gesund.

c) Es gibt keine finanzielle Unterstützung für Medikamente und Rezepte. Aber man kann nicht nur von guten Ratschlägen leben!

4. Ich bin nicht einverstanden mit der Einschränkung der individuellen Freiheiten und der Bürgerrechte.

a) Wir haben die Freiheit der atheistischen Propaganda, nicht die Freiheit der Religion. Es gibt keine religiösen Publikationen, Bücher, Zeitungen, Zeitschriften oder Radio- und Fernsehsendungen. Kirchen und Klöster werden unter allen möglichen Vorwänden geschlossen, und es ist noch nie passiert, daß neue gebaut worden wären.

b) Unsere Gewerkschaften sind alle zu einer einzigen Organisation zusammengeschmolzen, die der Partei und der Regierung untergeordnet ist, obwohl es Gewerkschaften der Werftarbeiter, Fischer, Matrosen, Metallarbeiter usw. gibt. Jede hat ihre eigenen Probleme und Interessen. Die Gewerkschaften sollten die Rechte der Arbeiter vor denen der Partei und der Regierung verteidigen. Sie sollten das Recht haben, kollektiv zu protestieren und Lohnerhöhungen, bessere Arbeitsbedingungen und mehr Urlaub zu fordern. Die Führungsorgane der Gewerkschaften sollten von den Arbeitern selbst gewählt und ernannt werden und nicht vom Politbüro. Die Gewerkschaften und die Partei sollten voneinander unabhängig sein. Das gilt vor allem für die lokalen Gewerkschaftskomitees, wo z.B. die Listen der annehmbaren Kandidaten (Lakaien, Saufbrüder) von der Partei vorbereitet und dann dem Ortsverband vorgelegt werden. Danach wird die Illusion geschaffen, als seien sie von der Gewerkschaftsversammlung ausgewählt worden.

c) Diese Art der Wahl ohne Wahl gibt es auf örtlicher Ebene ebenso wie auf höchster Ebene. Irgendwo auf einer

Parteiversammlung steht ein Freund des Chefs oder ein Lakai auf und spricht sich für seinen Chef aus. Er preist ihn über alles, und er wird auf die Liste gesetzt. Es gibt nur einen Kandidaten auf jeder Liste, und so gibt es nichts zu wählen. Und selbst, wenn ein ehrlicher Abgeordneter in den Sowjet (inprekor) gewählt werden sollte, hat er nur wenig Rechte und wenig Gelegenheit, dem Volk zu helfen.

d) Unseren Bürgern wird das Recht zu demonstrieren, zu streiken und in irgendeiner Form zu protestieren, abgesprochen. Klagen hilft nicht.

d) Bürger, die Kritik üben, werden von der Miliz, dem KGB und bei der Arbeit von den Vorgesetzten verfolgt. Das ist mir passiert. Für meine Forderung, den Lebensstandard und den Lohn so anzuheben, daß wir und unsere Kinder nicht zu hungern oder barfuß und armselig gekleidet herumzulaufen brauchen und daß wir das Schulgeld zahlen und andere Bedürfnisse decken können, wurde ich verfolgt. Man hat mich nicht in die fünfte Qualifikationskategorie aufgenommen. Man hat meine Frau nicht eingestellt, die Büros bei den Trockendocks zu reinigen. Man hat mir kein Visum gegeben, damit ich mit dem Schiff ins Ausland fahren darf. Man hat mich teils belustigt, teils ernsthaft als ‚Feind des Volkes' als ‚antisowjetisches Element' bezeichnet. Und wer sagt das? Wiederum die Bosse.

f) Die Rechte der nationalen Republiken, insbesondere der Ukraine, müssen wiederhergestellt und erweitert werden. Der Unterricht in der Schule und auf den Universitäten muß auf Ukrainisch sein. Auch die Staatsorgane müssen sich des Ukrainischen als der offiziellen Sprache bedienen. Die Republiken müssen auf allen Ebenen ihren eigenen nationalen Kader haben.

g) Die Verfolgungs- und Verleumdungskampagne gegen zahlreiche Intellektuelle, Schriftsteller und Dichter muß eingestellt werden: Solschenizyn, Sacharow, Twerdochlewow,

Bukowski, Valentin Moroz und N. Strokata, Dschujuba und Karawanski. Gebt ihnen das Recht, auf Versammlungen aufzutreten und laßt das Volk selbst entscheiden, ob sie recht haben oder nicht. Laßt die politischen Gefangenen in der Sowjetunion frei. Hebt die Zensur der Briefe und der Publikationen auf.

5. a) Es muß eine Verfassung ausgearbeitet werden, die die Freiheitsrechte der Bürger garantiert und den Aktivitäten des KGB ein Ende setzt. Der KGB soll lieber ausländischen Spionageringen nachstellen, als dissidente Bürger aufzuspüren.

b) Es müssen konkrete Gesetze über die Rede-, Versammlungs-, Presse-, Demonstrationsfreiheit und Streikrecht ausgearbeitet werden.

c) Es muß ein Recht geschaffen werden, das das Recht auf Auswanderung garantiert.

Nur in einem solchen demokratischen und blühenden Land wollen wir auch leben und unsere Kinder erziehen.

Odessa, den 14. November 1976

L. M. Siryi"

3. Sozialismus ist Frieden

SDAJ:

„Im Sozialismus hat die Jugend das Recht, in Frieden zu leben und zu arbeiten, ohne Militarismus und Neonazismus. Im Sozialismus wird die Jugend im Geiste des Friedesn erzogen."

Nach der marxistisch-leninistischen Ideologie sind Frieden und Sozialismus ein und dieselbe Sache. Doch was heißt sozialistische Friedenserziehung im Alltag für DDR-Jugendliche?

Aus einem DDR-Lesebuch für die 2. Klassen:

> ,,Peter und Paul sind zum Bach gesaust.
> Dort halten Panzer.
> Sie machen eine Pause.
> Wer lacht den beiden aus dem Turme zu?
> Das ist ein Panzersoldat.
> Peter sagt, was hat der Panzer nur für Räder?
> Der Soldat sagt, das sind Raupen.
> Aufpassen!
> Zur Seite gehen!
> Schon rumpeln und poltern die Panzer weiter.
> Peter und Paul rufen: Morgen sind wir auch Panzersoldaten."

Schon Kinder sollen wissen, daß es eine ,,Ehrenpflicht" ist, Soldat einer sozialistischen Armee zu sein.

– TONBANDPROTOKOLLE –

Horst, 18, seit Februar 1987 lebt er in der Bundesrepublik

,,Als ich in die 9. Klasse kam, sagte unsere Lehrerin so kurz vor den Sommerferien, daß wir demnächst alle in ein Lager fahren zur vormilitärischen Ausbildung. Es wird ja wohl jeder mitfahren, meinte die, nur die Mädchen dürften zuhause bleiben. Ich meldete mich und sagte, daß ich da nicht mitmachen würde. Da guckte die etwas irritiert, weil sie mit dieser Antwort natürlich nicht gerechnet hatte. Man sagt ja immer, daß die vormilitärische Ausbildung in den 9. und 10. Klassen noch freiwillig ist. Aber das stimmt nicht. Wir haben das immer als freiwilligen Zwang empfunden. Die Lehrerin fragte mich, warum ich denn nicht mitfahren wolle, worauf ich der geantwortet habe, daß ich dazu keine Lust hätte, weil ich von diesem Wehrsportkram absolut nichts hielte. Noch am selben Tag wurde ich zum Direktor bestellt. Der machte Ärger, versuchte, mich zu überzeugen. Jeder Jugendliche müsse für Sozialismus und Frieden kämpfen, und dazu gehöre auch die vormilitärische Ausbildung. Total unlogisch – Militarismus gleich Frieden, oder was! Der Direktor setzte mich unter Druck. Na gut, wenn du nicht willst, dann bekommst du eine entsprechende Bemerkung ins Zeugnis. Sollte er doch reden, das war mir egal. Während die Jungens ins Lager fuhren, habe ich mit den Mädchen an den Zivilverteidigungsübungen teilgenommen. Das ist Pflicht für alle. Wir mußten Schutzanzüge anziehen, Gasmasken aufsetzen, mit Kleinkaliberpistolen herumschießen. Zum Abschluß wurde ein Marsch durchgeführt. In den vormilitärischen Lagern ging es härter zu. Ein Jahr später war ich auch dabei . . . . unfreiwillig. 3 Uhr morgens aufstehen, 10 Minuten frühstücken, Stulle in die Hand, und dann ab, querfeldein mußten wir 15 km marschieren, alle in Uniform, und das bei der Hitze. Abends waren wir total geschafft. Am schlimmsten aber war dieser Wehrkundeunterricht. Absolute Rotlichtbestrahlung. Der Sozialismus, wie gut der ist, und der Kapitalismus, der den Krieg will. Kapitalismus sei Imperialismus, weil die wirtschaftlichen Interessen der Monopole darauf ausgerichtet seien, ständig Waffen zu produzieren, um Geld zu verdienen. Und irgendwann müßten diese Waffen ja auch mal eingesetzt werden, und dann wird mal eben ein Krieg initiiert. Der Offizier erklärte uns, daß es solange keinen Frieden gebe, bis der Kapitalismus ausgerottet sei. Andererseits sagte der, daß der Kapitalismus ohnehin verschwinden werde, das sei ein Naturgesetz, weil der Sozialismus-Kommunismus das fortschrittliche System wäre und ja auch Marx, Engels und Lenin die sogenannte Fäulnis des Kapitalismus in ihren Werken festgestellt hätten. Jetzt müßte der Sozialismus sich noch mit dem Westen arrangieren, aber eben nur, solange das nötig ist.

In dem politischen Unterricht wurden uns auch Waffensysteme westlicher Art vorgestellt. Es hieß dann immer, daß der Westen dem Osten überlegen sei und der Osten schon deshalb nachrüsten müsse. Da jeder im Kapitalismus unser Feind sei, sollten möglichst viele Jugendliche sich für den Wehrdienst engagieren . . . also Kämpfer werden, um jederzeit den Sozialismus auch verteidigen zu können . . . das ist kommunistische Erziehung, so wie die Parteibonzen sich das vorstellen. Wir haben dieses ganze Gerede eigentlich nie ernstgenommen. Es wurde im Unterricht so penetrant für den Wehrdienst geworben, also genauer gesagt, für den Berufssoldaten, was man als Berufssoldat verdienen könnte, welche Karrierechancen man hätte, wieviel Urlaub . . . die reinste Berufsberatung. Das grenzt drüben oft schon an Verherrlichung der Armee. Es gab auch Leute in unserer Klasse, die solche Reden beeindruckten. Die waren ganz wild aufs Militär. Während der Lagerausbildung traten die als Gruppenführer auf, mal ein bißchen Chef spielen. Das waren Typen! Bei den Offizieren waren die besonders gut angesehen. Die waren stolz darauf, wenn sie mit denen zusammen Kaffee tranken und über den bösen Westen diskutierten . . . Man wird im Sozialismus zum Soldaten erzogen – eine so eingleisige Erziehung ist das. Aber das merkt man erst, wenn man 16 oder 17 ist. Wenn wir abends im Lager total kaputt in unseren Betten lagen, sagten manche, das ist hier wie bei der Hitler-Jugend, der Drill, die Disziplinierung, überhaupt dieses ganze Militärische, das haben die auch als Jugendliche früher so erlebt."

Das, was Horst sagte, findet seine Bestätigung in den Richtlinien kommunistischer Erziehung, die Lehrern in der DDR vorgegeben sind.

„Bei der Jugend das Wehrmotiv herauszubilden, die Wehrbereitschaft zu entwickeln und die Wehrfähigkeit fördern zu helfen verstehe ich als ein wichtiges Anliegen kommunistischer Erziehung ... In den Einrichtungen der Volks- und Berufsausbildung erfordert dies das persönliche Geschick jedes Lehrers."

(Hans Becker, „Möge nie mehr Krieg unser Leben bedrohen", in: Deutsche Lehrerzeitung Nr. 13, 1982, S. 11)

Thomas, 19, 1987 mit einem Ausreiseantrag in die Bundesrepublik gekommen

„Ich war 16, als ich das erste Mal in so ein vormilitärisches Lager kam. Morgens war öfter mal Frühsport angesagt. An einen Tag kann ich mich besonders gut erinnern. Es goß in Strömen, wir mußten alle vor unserem Zelt antreten und strammstehen. Ein Offizier befahl, jetzt wird Marschieren geübt. Der hatte einen Ton drauf. Daran mußte man sich erst gewöhnen. Wir waren etwa 7 Hundertschaften. Jede Hundertschaft sollte nun im Gleichschritt marschieren üben. Das ist verdammt schwierig. Wir standen da auf einem Weg, klitschnaß in unseren Uniformen, und dann ... marschieren, stillgestanden, marschieren, stillgestanden, marschieren, stillgestanden usw. Das konnte Stunden dauern, denn einige kapierten nicht, wie das funktioniert. Der Hundertschaftführer brüllte immer rum. ‚Wir machen das, solange bis es klappt, sonst gibt's kein Mittag, kein Abendbrot!' Diese Offiziere wollten uns disziplinieren oder uns fertigmachen ... Wahrscheinlich beides. Wenn diese Übung nach Stunden immer noch nicht hinhaute, dann wurden uns so Sprüche um die Ohren geknallt. Unser Hundertschaftführer hielt uns vor: ‚Im Krieg wärt ihr schon lange tot'. Wir wurden behandelt wie ein Stück Vieh. Das war alles so sinnlos. An anderen Tagen mußten wir auch bei Regen im Schlamm rumlatschen, kriechen, üben, schießen . . . Ich versuchte, dabei an etwas anderes, Schönes zu denken. Das war fast unmöglich – die Offiziere merkten ja, wenn man nicht bei der Sache war. Da gab's gleich 'nen Anschiß.

Vor solchen Aktionen kann man sich nicht drücken. Noch brutaler wird es, wenn die Lehre beginnt. Jeder muß vor Lehrbeginn eine knappe Woche in ein GST-Lager zur vormilitärischen Ausbildung. Und während der Lehrzeit ist man im ersten wie im zweiten Lehrjahr über Wochen in diesem Lager. Im ersten Lehrjahr macht man so eine Art-Grundausbildung, also Liegestütze, Kurzstreckenlauf, Handgranatenwerfen und andere Wehrsportübungen. Im zweiten Lehrjahr folgt die vormilitärische Laufbahnausbildung, in der jeder Jugendliche auf die Militärzeit in der NVA systematisch gedrillt wird. Da wird man trainiert bzw. ausgebildet zum Motorradschützen, zum Fallschirmjäger, zum Militärflieger – insgesamt gibt es sieben vormilitärische Laufbahnausbildungen. Das ist knallhart. Ich habe nie verstehen können, warum dieser pure Militarismus der Friedenserhaltung nützlich sein solle. So wurde uns das immer vorgetragen, sozialistische Wehrerziehung dient dem Sozialismus und damit dem Frieden . . . Meiner Meinung nach wird im realen Sozialismus der Friedensbegriff regelrecht vergewaltigt."

Die GST – die Gesellschaft für Sport und Technik – wurde im Jahre 1952 gegründet. Als sozialistische Massenorganisation ist sie für die vormilitärische und wehrpolitische Ausbildung und Erziehung der Jugend zuständig.

Warum ist die GST die Schule des Soldaten von morgen?

„Die GST erfüllt als sozialistische Wehrorganisation der DDR einen wichtigen gesellschaftlichen Auftrag im Dienste der Landesverteidigung. Durch ihr wehrpolitisches, vormilitärisches und wehrpolitisches Wirken fördert sie die Entwicklung sozialistischer Persönlichkeiten, die die Verteidigung des Sozialismus als wichtigste Konsequenz des sozialistischen Patriotismus und proletarischen Internationalismus erkennen und danach handeln. Die Hauptrichtung ihrer Tätigkeit ist die qualifizierte Vorbereitung der Jugendlichen auf den Wehrdienst. Die GST führt dazu mit allen gesundheitlich geeigneten männlichen Jugendlichen im Alter von 16 bis 18 Jahren die vormilitärische Ausbildung durch. Die aktive und kontinuierliche Teilnahme an einer vormilitärischen Laufbahnausbildung als MOD-Schütze, Nachrichtenspezialist, Fallschirmjäger, Taucher, Militärkraftfahrer, Militärflieger oder Matrosenspezialist gibt dem Jugendlichen die Möglichkeit, sich das erforderliche Rüstzeug für den späteren Ehrendienst in der NVA zu erwerben. Die GST ist die Schule des Soldaten von morgen, weil sie durch die Vermittlung militärischer Grundkenntnisse sowie spezieller Fertigkeiten und wehrsportlicher Fähigkeiten die künftigen Soldaten befähigt, in relativ kurzer Zeit den Anforderungen des aktiven Wehrdienstes gerecht zu werden und die moderne Bewaffnung und Kampftechnik zu meistern."

Dieses Zitat stammt aus dem Buch „Fragen und Antworten zum Wehrdienst" erschienen im Militärverlag der DDR, Berlin [Ost] 1984.)

Michaela, 23, 1985 ausgereist

„Ich kannte drüben Leute, die echt daran verzweifeln, daß die Menschen in der Bundesrepublik ihre Todfeinde sein sollten. Im Fach Staatsbürgerkunde hielt unsere Lehrerin dauernd Hetzreden auf den Klassenfeind im Westen. Was der alles einfiel, um uns in die Richtung zu kriegen, wo der Staat uns hinhaben wollte. Da saßen auch Leute, die Familie, Verwandte und Freunde in der Bundesrepublik hatten, und denen versuchte die Lehrerin doch glatt einzuhämmern, daß auch die Tante in der BRD mit ihrer Milka-Schokolade ein konkreter Feind sei. Die stecke mittendrin im kapitalistischen System und würde auch gegen den Sozialismus zu Felde ziehen, wenn sie es nur könnte. ... Ich habe da gar nicht hingehört. Wie hätte ich meine Freunde in München hassen sollen, das ist doch absolut irrsinnig. Oft kam bei uns die Frage hoch, warum dürfen die Klassenfeinde uns eigentlich besuchen, wir aber nicht raus – man darf darüber nicht nachdenken. Von Kindheit an wird man mit dem Feindbild belämmert, vollgequatscht über den so aggressiven Westen. Das geht durch alle Schulfächer hindurch – im Sport zum Beispiel, ich bereitete mich damals gerade auf's Abi vor, mußten wir mit so komischen Dingern Weitwurf üben, die sahen aus wie Handgranaten, eben eierförmig mit einer groben Struktur und ziemlich schwer. Um eine eins zu bekommen mußten wir diese nachgeahmten Handgranaten 20 Meter weit werfen ... Ja, und wenn du das nicht schaffst, wirst du ständig angemacht. Mein Sportlehrer sagte nach einem verpatzten Wurf mal: ‚Im Kriegsfall hättest du dich gerade selbst in die Luft gesprengt' ...

Noch unsinniger und brutaler zugleich empfand ich diese Zivilverteidigungsübungen für Mädchen. Alle Mädchen der 11. Klasse von etwa 8 verschiedenen Schulen wurden in ein Lager gefahren. Alle bekamen Kampfanzüge, ein Käppi auf, und dann ging es im Gleichschritt zum Waschen, zum Frühsport, zum Frühstück, alles im Gleichschritt. Morgens war theoretischer Unterricht angesagt, nachmittags liefen wir raus zum Schießen oder sollten mit Kompaß und Karte irgendwelche Ziele erreichen. Laufend gab es Übungen. Das muß man sich mal vorstellen, bei 30 Grad im Schatten im Wald rumrobben. Unter unseren Anzügen trugen wir alle einen Bikini. Aber wehe, jemand wagte mal, seinen Reißverschluß 10 cm zu öffnen – das war verboten und wurde von den Ausbildern streng kontrolliert. Als ich mich bei einer

Sportübung verletzte, mußte ich fortan als Verletzte bei Alarmübungen im Wald rumliegen. Die hatten mich mit Farbe angeschmiert, daß ich aussah, als würde ich verbluten. An meinen Armen ragten die Knochen raus, alles nur angeschmiert, aber man kommt sich dabei echt bescheuert vor. Da lag ich nun, mußte ewig warten, bis die anderen Mädchen mich gefunden hatten, und wenn es dann endlich so weit war, wurde genau benotet, wie die meine Wunden verbinden, ob die das richtig machen . . . Das war schrecklich. Damals war ich 18 – ich kannte diese Wehrsportübungen ja schon von der FDJ, die organisieren sogenannte Sportfeste und Wettkämpfe für 14- und 15jährige. Da gibt es auch Zensuren. Vom Dauerlauf bis zu Schießübungen – alles wird bewertet.

Mit 15 war ich vom Sozialismus noch überzeugt . . . habe alles mitgemacht, im Graben gelegen, auf irgendwelche Ziele geschossen, über Wassergräben hangeln, mit der Knarre rennen, sich in den Graben schmeißen und schießen, dann wieder raus, laufen und das gleiche nochmal . . . ein ganz schöner Streß. Mit 'ner tollen Disco wollte man uns abends noch in Schwung bringen. Was für ein Höhepunkt! Wir waren viel zu fertig, als daß wir da hätten abrocken können. Ein DDR-Armeegeneral hat uns während der Wettkämpfe mal besucht. An einen seiner Sätze kann ich mich noch genau erinnern. Um uns anzuspornen, sagte er: ‚Jeder Tropfen Schweiß ist tausendmal besser als jeder Tropfen Blut'. Das sollten wir uns merken. Schöne Friedenserziehung!"

Die FDJ – die Freie Deutsche Jugend – wurde im Jahre 1946 gegründet. Sie ist der einzige zugelassene Jugendverband in der DDR – die Massenorganisation für alle Jugendlichen über 14. Der erste FDJ-Vorsitzende war Erich Honecker von 1946 bis 1955. Die FDJ versteht sich als Führungsreserve der Partei. In der FDJ werden also die Nachwuchskräfte für die Partei ausgebildet.

Die FDJ kümmert sich um die vormilitärische Ausbildung der 14- bis 15jährigen. Die wichtigste Form der sozialistischen Wehrerziehung für die Mitglieder der 8. Klassen ist der „Hans-Beimler-Wettkampf", der von der FDJ organisiert wird.

Der Inhalt der Wettkämpfe ist durch eine Vereinbarung des Zentralrates der FDJ, des Ministeriums für Volksbildung und des Zentralvorstandes der GST festgelegt:

1) Wehrsportlicher Einzel- und Mannschaftskampf in den Monaten September/Oktober: Jungen: Schießen, Handgranatenzielwurf, Klettern am Tau, Klimmziehen, 1000 bzw. 1500-Meter-Lauf bzw. Geländelauf; Mädchen: 500 bzw. 600-Meter-Geländelauf, Luftgewehrschießen, Handgranatenzielwurf, Erste Hilfe, Luftschutz

2) Luftgewehrschießen für die 8. Klassen und Kleinkaliberschießen der Klassen 9/10 von Oktober bis Februar

3) Geländespiel von März bis Mai: „Orientierungsmarsch, Überwindung von Hindernissen, Klettern, Mutsprung, Erste Hilfe und Errichtung von Feuerstellen".

Aus dem Beschluß der 4. Zentralratstagung „FDJ-Auftrag 11. Parteitag der SED" (April 1986):

„Weil die Verteidigung des Sozialismus unser Recht und unsere Ehrenpflicht ist, setzen wir uns gemeinsam mit der GST dafür ein, daß jeder Jugendliche aktiv an der vormilitärischen und wehrsportlichen Arbeit teilnimmt und sich gewissenhaft auf den Ehrendienst in den bewaffneten Organen vorbereitet. Große Anstrengungen unternehmen wir zur Gewinnung von FDJ-Mitgliedern für einen freiwilligen Wehrdienst auf Zeit und einen militärischen Beruf. Wir helfen ihnen, sich durch aktive Tätigkeit im eigenen FDJ-Kollektiv und in den FDJ-Bewerberkollektiven gründlich darauf vorzubereiten und ihren Berufswunsch zu festigen. Die FDJ-Mitglieder in den Reihen unserer Nationalen Volksarmee und den Grenztruppen der DDR, des Ministeriums für Staatssicherheit, des Ministeriums des Innern und der Zollverwaltung der DDR ringen diszipliniert und selbstlos um höchste Kampfkraft, um ständige Gefechts- und Einsatzbereitschaft und erfüllen so ihren Klassenauftrag."

Die FDJ ist nicht nur der Staatsjugendverband der DDR, sondern auch die Bruderorganisation der SDAJ. Man trifft sich zu „freundschaftlichen Begegnungen" – so reisten SDAJ-Mitglieder beispielsweise zum „Festival des politischen Liedes" (vom 16. bis 23. Februar in Berlin (Ost) oder zum „Internationalen Freundschaftslager" am Scharmützelsee (17. bis 30. Juli), und auch Anfang November 1986 waren SDAJler beim „Internationalen Jugendlager" in Verda/Havel in der DDR. 1984, auf dem 8. Bundeskongreß der SDAJ, sagte Birgit Radow in ihrem Bericht: „Bei unserem Freundschaftszug in die UdSSR beim internationalen Freundschaftslager in der DDR, bei Delegationen und Reisen in sozialistische Länder haben wir den Sozialismus und seine Jugendlichen kennengelernt. Wir haben dort Friedensliebe und Haß auf den Imperialismus erlebt."

Doch SDAJler und FDJler sind nicht nur einfach „befreundet". SDAJ-Funktionäre werden in der DDR auch geschult. So ließ die DKP auch 1986 Funktionäre der SDAJ an der FDJ-Hochschule Wilhelm Pieck in der DDR und an der Hochschule des Leninschen Komsomol (Jugendorganisation der KPdSU) in Moskau ausbilden.

Kindergarten, Schule, FDJ, GST bereiten Kinder und Jugendliche auf den „Ehrendienst" in der „Nationalen Volksarmee (NVA)" vor. Die NVA ist 1956 aus der kasernierten Volkspolizei hervorgegangen. Was heißt Soldat sein in der NVA?

Ralf, 25, 1985 in die Bundesrepublik geflüchtet

„Fast täglich hatten wir eine sogenannte politische Information, in der man über die Dinge des weltpolitischen Geschehens informiert wird, genauer gesagt, über das, was der sogenannte Feind mal wieder gemacht hat. Feind ist eben der Imperialismus mit seinen Aggressionsarmeen . . . Bundeswehr, US-Armee, die Engländer – die gesamte Nato eben. Da werden dann Schlagwörter benutzt wie antikommunistisch verhetzt, revanchistisch, bei der Bundeswehr, daß die im Geist der faschistischen Hitler-Wehrmacht erzogen worden ist. Da werden beispielsweise Manöversituationen herangezogen, wo gesagt wird, daß Radio-, Rundfunk- und Fernsehstationen der Bundesrepublik die DDR-Bevölkerung dazu aufgerufen haben, Partei- und Staatsfunktionäre zu ermorden, daß die Truppen der Nato in Grenznähe die Ausgangsräume bezogen hätten. So läuft das ab, das hört man permanent. Dann die ständigen Alarme. Das ist mehr so ein psychisches Moment . . . Immer bereit sein, um jede Minute in den Kampf zu ziehen, und wenn man das ein oder zwei Jahre mitgemacht hat, ist man irgendwie auch so hysterisch . . . Wenn man fünf Tage bei 20 Grad minus ständig im Freien geschlafen hat und immerzu Krieg gespielt hat, dann glaubt man wirklich, bald ist es soweit. Es war ja an der Tagesordnung. Fast jede Woche wurde drüben Alarm ausgelöst. Und man weiß nicht, inwieweit das fortgeführt wird, ob man heraustritt, seine Uniform anzieht, seine Waffe holt und dann ist das gelaufen oder man setzt sich auf den LKW, fährt irgendwo ins Grüne, und dann wird gesagt, es war nur ein Spaß, wir wollten euch mal überprüfen, oder es geht nun wirklich los. Und weil das so oft passiert, rechnet man damit, daß es wirklich losgeht.

Ich hatte einen Freund an der Offiziershochschule, der sich dazu entschlossen hatte, bei der unabhängigen Friedensbewegung mitzumachen. Seit Anfang der 80er Jahre gab es in der DDR staatsabhängige Friedensgruppen, die verschiedene Forderungen aufstellten, sich engagierten gegen Kriegsspielzeug, gegen die Militarisierung des gesamten Lebens in der DDR, oder zum Beispiel für einen echten zivilen Wehrersatzdienst (in der DDR und Ost-Berlin gibt es keinen zivilen Ersatzdienst; die Verweigerer werden in sogenannten Baueinheiten untergebracht; doch auch der Dienst der Bausoldaten ist schwer, verlangt werden harte Disziplin, Exerzierdrill, politische Schulungen wie auch die Absicherung militärischer Bauobjekte, Totalverweigerer müssen in der Regel mit hohen Gefängnisstrafen rechnen). Dieser Freund wollte aus dem Militärdienst entlassen werden. Mit seinem Entlassungsgesuch unterbreitete er ein Thesenpapier. Darin forderte er den Abbau der Atomraketen in Osteuropa, einseitige Abrüstung usw. Der gute Mann wurde daraufhin degradiert und einige Monate später noch einmal für 18 Monate eingezogen, nachdem er doch schon drei Jahre rum hatte. Wenn man so etwas miterlebt, dann ist es besser, man sagt nichts und wartet ab im Stillen."

Karl Liebknecht (1870 – 1919), Mitbegründer der KPD, hat als sozialdemokratischer Abgeordneter vor dem Ersten Weltkrieg den damaligen militaristischen Geist im deutschern Kaiserreich angeprangert. Er verstand unter Militarismus vor allem „die Umklammerung der ganzen Gesellschaft". Der Anti-Militarist und Kommunist Karl Liebknecht sagt über den Militarismus:

„Der Militarismus tritt . . . auf erstens als Armee selbst, sodann als ein über die Armee hinausreichendes System der Umklammerung der ganzen Gesellschaft durch ein Netz militaristischer und halbmilitaristischer Einrichtungen, ferner als ein System der Durchtränkung unseres ganzen öffentlichen und privaten Volkslebens mit militaristischem Geiste."

Welche Perversität der SED-Militarismus hervorbringt, macht nachfolgendes Lob des Hasses deutlich:

„Was ist Sache? Ist Haß wirklich etwas Häßliches, wie es

mir einer weismachen wollte? – Haß auf den imperialistischen Feind. Wie sollte er häßlich sein und abstoßend, wo er doch geboren ist aus der Liebe zu unserem sozialistischen Vaterland, zum Frieden, zur Gerechtigkeit unseres Kampfes? . . . Haß das heißt lieben, das heißt, eine flammende und kühne Seele in sich fühlen, heißt, tiefen Abscheu empfinden vor allem, was schädlich und dumm ist. Haß erleichtert, Haß schafft Gerechtigkeit, Haß veredelt."

(Zitiert nach „Armeerundschau", Berlin [Ost], Heft 8, 1981, S. 3)

Jens, 20 Jahre, lebt seit 1987 in West-Berlin

„Mein Wehrdienst begann im November 1986. Da ich Koch gelernt hatte, wurde ich der Kasernenküche zugeteilt. Das war zwar auch nervig, aber innerhalb der NVA noch ein harmloser Dienst. Nach sechs Monaten bekam ich den Befehl, Grenzdienst zu leisten. Ich weigerte mich, doch habe ich nicht gesagt, warum und wieso ich auf den Turm nicht wollte. Allein die Vorstellung, eines Tages vielleicht auf meine eigenen Leute schießen zu müssen, ging mir nicht rein. Für die NVA ist es fast schon eine Ehre, wenn man zum Grenzdienst kommandiert wird, dort Wache steht für Sozialismus und Frieden. Nach der marxistisch-leninistischen Ideologie sind die Soldaten im Sozialismus alle Friedenssoldaten . . . Nur Sprüche, nichts dahinter. Ich konnte mich gegen den Befehl selbstverständlich nicht zur Wehr setzen, denn jeder Soldat muß in seinem Fahneneid schwören, allzeit den Sozialismus gegen alle Feinde zu verteidigen, also auch an der Mauer in Berlin. Bevor wir auf den Turm stiegen, hörten wir jeden Tag einen 10 Minuten langen Vortrag von NVA-Offizieren über politische Ereignisse im Westen, z.B. Staatsbesuche in West-Berlin zur 750-Jahr-Feier und so. Seit kurzem sprechen die nicht mehr von Feinden, die da jenseits der Grenze ihre sogenannte aggressive Politik betreiben, sondern von Gegnern. Eine kleine Veränderung in der Militärsprache der SED. Klingt jedenfalls nicht mehr so brutal. Natürlich wurden wir auch darüber aufgeklärt, wie ein Grenzdurchbruch verhindert werden muß, wie wir mit den sogenannten Grenzverletzern umzugehen haben. In solch einem Fall müssen wir einen Warnruf abgeben, versuchen, den Flüchtling einzufangen, und wenn das nicht gelingt, nach einem Warnschuß in den Sand gezielt treffen. Ich hoffte die ganze Zeit, daß ich niemals in so eine Lage käme, einen einfach abknallen zu müssen. Man sitzt zu zweit um die acht Stunden auf dem Turm, hat den ganzen Tag nichts zu tun. Man darf keine Musik hören, man spricht auch wenig miteinander. Nach zwei Stunden spätestens hat man alle Themen durchgekaut. Weil man jeden Tag mit einem anderen Soldaten zusammen ist, herrscht auch untereinander ein so starkes Mißtrauen, daß man verdammt aufpassen muß, was man dem anderen erzählt. Der könnte einen ja verpfeifen, wenn man über die Sinnlosigkeit dieses Dienstes nur leise Andeutungen machen würde. Ich bin kein Kommunist – deshalb habe ich auch meistens die Klappe gehalten . . . Man sitzt auf dem Turm, wartet ab, döst vor sich hin, glotzt auf die Felder, döst vor sich hin und glotzt immer wieder auf die Mauer . . . ein Scheißgefühl. Ich auf Menschen schießen, nur weil sie rauswollen? Das hat mich psychisch ausgesaugt . . . Nach ein paar Monaten bin ich abgehauen."

Aus dem Fahneneid des NVA-Soldaten:

„Ich schwöre,
der Deutschen Demokratischen Republik, meinem Vaterland, allzeit treu zu dienen und sie auf Befehl der Arbeiter- und Bauernregierung gegen jeden Feind zu schützen.

Ich schwöre,
an der Seite der Sowjetarmee und der Armeen der uns verbündeten sozialistischen Länder als Soldat der Nationalen Volksarmee jederzeit bereit zu sein, den Sozialismus gegen alle Feinde zu verteidigen und mein Leben zur Erringung des Sieges einzusetzen."

4. Bildung für alle!

SDAJ:

„Die Jugend erobert sich im Sozialismus schrankenlose Bildungschancen. Es gibt keine Bildungsprivilegien und tatsächliche Chancengleichheit."

Noch einmal *Jens*, von Beruf Konditorfacharbeiter:

„Chancengleichheit in der DDR! Daran habe ich auch einmal geglaubt, aber das entspricht leider nicht der Realität. Als ich in der 10. Klasse war, hatten wir ja diesen Wehrkundeunterricht. Das war total langweilig. Wir haben da meistens vor uns hingepennt – irgendein Offizier erzählte was. Ein Freund von mir, dessen Eltern beide Ärzte waren, wollte auch Medizin studieren. Während des Unterrichtes fragte er einmal den Offizier, warum er drei Jahre zur Armee gehen müsse, wenn er Medizin studieren wolle. Der Offizier schoß wütend zurück: ‚Wie kommen Sie darauf, das stimmt doch gar nicht.' Das sei eine Falschstellung von Tatsachen, meinte der. Jeder hätte die gleichen Rechte, aber natürlich könnten nur die mit den besten Leistungen studieren. Na, wir wußten doch alle, daß der Unsinn redete. Der Offizier machte meinem Freund dann einen Vorschlag. Er solle sich für 25 Jahre verpflichten, er könnte an der Offiziershochschule Medizin studieren, da käme er nach dem Abi sofort raus. Na fein. Auf diese Antwort hatte mein Freund nur gewartet. Er wollte doch Zivilarzt werden. Was sollte er machen? Drei Jahre Militärzeit ist für das Studium, egal für welches, ein Minimum, was man bringen muß.

In Wirklichkeit sieht es so aus, daß der Staat den einzelnen Jugendlichen danach beurteilt, welche Leistungen er für den Sozialismus bringt, so nach dem Motto, je mehr Selbstverpflichtungen für den Sozialismus, desto größer die Karrierechancen. Wer da nicht mitzieht, fällt gleich hinten rüber, also muß man sich irgendwie durchlavieren. Diejenigen, die weiterkommen wollen, müssen aktive FDJler sein und gesellschaftliche Tätigkeiten vollbringen, darunter fällt beispielsweise die Mitgliedschaft in der DSF oder auch in der GST, am besten beides.

(DSF, Gesellschaft für deutsch-sowjetische Freundschaft, gegründet 1949, neben dem FDGB (Freier Deutscher Gewerkschaftsbund) die größte Massenorganisation der DDR.

Getreu der Losung „Von der Sowjetunion lernen heißt siegen lernen" sollen ihre Mitglieder als Agitatoren der deutsch-sowjetischen Freundschaft auftreten. Die Mitgliedschaft in der DSF gilt als Mindestnachweis „gesellschaftlicher Aktivität").

Ein aktiver FDJler ist in die Organisation fest eingebunden, er muß Veranstaltungen mit organisieren. Dazu haben nur wenige Lust. Wer noch nachmittags zwei Stunden freiwillig im GST-Lager schießen übt, Handgranatenzielwurf trainiert oder ein paar Liegestütze hinlegt, dabei noch fleißig die Politschulungen besucht, sich den Marxismus-Leninismus reinzieht, hat die besten Bildungschancen. Für den Jugendlichen ist das egal. Die sagen sich, mitmachen, dann hat man seine Ruhe. Jeder, so heißt es ja drüben, hat das Recht und die Pflicht zu arbeiten. Du kriegst also eine Arbeit, auch eine Lehrstelle. Aber du darfst nicht fragen, was das für eine Lehrstelle ist. Da, wo man dich braucht, wirst du eingesetzt. Nach der 10. Klasse habe ich eine Konditorlehre angefangen. Während der Lehrzeit mußten wir neben Theorie und Praxis an der vormilitärischen Ausbildung teilnehmen – ohne Ausnahme, das ist Bestandteil der Berufsausbildung, und wer sich da weigert . . . tja, Pech gehabt, dem wird der Lehrvertrag gelöscht, der kann dann nicht zum Abschluß kommen. An den Verweigerern besteht für die SED kein ‚gesellschaftliches Interesse' mehr. So steht das irgendwo im Lehrvertrag. Wer geht ein solches Risiko ein? Die meisten haben doch Angst, ohne Lehrabschluß dazustehen. Solange man nach der Parteilinie tanzt, gibt es für die Jugendlichen tatsächlich keine Bildungsschranken."

Im Gegensatz zur Bundesrepublik hat die DDR ein Arbeitsgesetzbuch für alle Arbeiter und Angestellten in den Betrieben. Seine Bestimmungen sind sehr konkret und gelten als verbindlich, genauer gesagt: es beinhaltet Rahmenrichtlinien, an die sich vom Arbeiter bis hin zum Betriebsleiter jeder halten muß.

§ 133 der Arbeitsgesetzgebung vom 22. Juni 1977 fordert von den Lehrlingen besondere Pflichten:

„(2) Der Lehrling ist verpflichtet, während des Lehrverhältnisses an der vormilitärischen Ausbildung teilzunehmen, sich militärpolitische und militärfachliche Kenntnisse und Fähigkeiten anzueignen bzw. an den Maßnahmen der Zivilverteidigung mitzuwirken."

Der Staatssekretär für Berufsausbildung legte eine Zusatzverordnung fest für den Fall, daß ein Lehrling die vormilitärische Ausbildung verweigert. In diese von der Internationalen Gesellschaft für Menschenrechte, Frankfurt veröffentlichten Verordnung stehen u.a. folgende Regelungen:

„4. Lehnt ein Schulabgänger bzw. dessen Erziehungsberechtigter vor Lehrvertragsabschluß die V.A. auch unter Inaussichtstellung der Befreiung von der Schießausbildung kategorisch ab, darf kein Lehrvertrag abgeschlossen werden. Das Verfassungsrecht, einen Beruf über das Lehrverhältnis zu erlernen (Art. 25 Abs. 4) hat damit der Schulabgänger selbst verwirkt, da er nicht bereit ist, sich den obligatorischen Pflichten des Lehrverhältnisses zu unterwerfen. Dem Betrieb als zur Ausbildung verpflichteten ist es damit unmöglich, das Ausbildungsziel (§ 129, Abs. 2 AGB), wozu auch die vormilitärische Ausbildung gehört, zu erfüllen. (. . .)

6. Wird während des Lehrverhältnisses die vormilitärische Ausbildung kategorisch abgelehnt, diese Rechtspflicht nicht erfüllt, kann das Lehrverhältnis nicht fortgesetzt werden. Der lehrvertragabschließende Betrieb hat die Aufhebung des Lehrvertrages (Aufhebungsvertrag) anzustreben. Weigert sich der Lehrling bzw. dessen Erziehungsberechtigter, den Aufhebungsvertrag abzuschließen, ist der Lehrvertrag durch den Betrieb gem. § 141 Abs. 3 AGB wegen Nichteignung zu kündigen.

7. Schulabgänger, die aus vorgenannten Gründen keinen Lehrvertrag erhalten bzw. Lehrlinge, deren Lehrverhältnis aufgelöst wurde, sind in ein Arbeitsrechtsverhältnis (Hilfsarbeiter) einzugliedern. Es besteht kein gesellschaftliches Interesse, mit ihnen vor Ablauf einer Frist von 3 Jahren einen Qualifizierungsvertrag für das Erlernen eines Ausbildungsberufes auf dem Wege der Erwachsenenqualifizierung abzuschließen."

Durch das Wehrdienstgesetz vom 25. März 1982 sind die Betriebe zusätzlich verpflichtet, dafür Sorge zu tragen, daß die Lehrlinge wehrfähig sind.

„(1) Die staatlichen Organe sowie die Kombinate, wirtschaftsleitenden Organe, Betriebe, Einrichtungen, Genossenschaften, gesellschaftlichen Organisationen und Vereinigungen (nachfolgend Betriebe genannt) sind verpflichtet, die Bürger auf den Wehrdienst vorzubereiten. Die Bürger nehmen an der Vorbereitung auf den Wehrdienst nach diesem Gesetz oder anderen Rechtsvorschriften bzw. Bestimmungen teil. (. . .)

(4) Die staatlichen Organe und Betriebe haben auf der Grundlage der Pläne bzw. von staatlichen Auflagen Bürger zur freiwilligen Ableistung des Wehrdienstes zu gewinnen. Insbesondere betrifft das die langfristige Sicherung des Nachwuchses für militärische Berufe."

Paragraph 9, Musterung:

„(3) Die Musterungskommissionen können zu ihren Beratungen Mitarbeiter staatlicher Organe oder der Betriebe hinzuziehen. Sie sind darüber hinaus berechtigt, Auskünfte bzw. Unterlagen von staatlichen Organen oder Betrieben bzw. von Bürgern zu verlangen oder Ärzte von ihrer beruflichen Schweigepflicht zu befreien."

Paragraph 13, Untauglichkeit für den Wehrdienst:

„(2) Die Wehrpflichtigen, bei denen eine zeitliche Dienstuntauglichkeit festgestellt wurde, werden für die betreffende Zeit nicht einberufen. Die staatlichen Organe und Betriebe haben Maßnahmen zur baldmöglichen Herstellung der Diensttauglichkeit dieser Wehrpflichtigen zu treffen."

Michaela:

„Ein Berufswunsch stand bei mir nie fest. Der Journalismus reizte mich irgendwie. Das mußte aufregend sein, auch daß man mal rauskommt, andere Länder sieht, seinen Horizont erweitern könnte. Aber so sicher war ich mir damals nicht über das, was beruflich so drin ist. Ständig bin ich herumgerannt, habe die Leute im Berufsberatungszentrum mit Fragen genervt, mir angehört, was die FDJler in ihren Versammlungen zum Thema Berufsorientierung loslassen. Das hätte ich mir allerdings auch sparen können. Die kamen immer mit ihren politischen Phrasen an. Ja, wir müßten doch den Sozialismus stärken. Also, Männer, werdet Offiziere,

Frauen, werdet Lehrerinnen. Das war's. Lehrerin – um Gottes Willen, da bist du hauptsächlich politischer und gesellschaftlicher Agitator, mußt tagtäglich die politischen Ansichten der Partei den Schülern verklickern. Das schreckt viele ab. Nach langem Hin und Her habe ich mich für den Journalismus entschieden. Ein Traum, der sich leider nicht erfüllte. Die Uni habe ich nie von innen gesehen. In dem Aufnahmeantrag für Studienbewerber liegt ein großer Zettel drin. Darauf steht: Hiermit verpflichte ich mich, an allen militärischen Maßnahmen innerhalb des Studiums teilzunehmen. Das mußt du unterschreiben, sonst fliegt deine Bewerbung gleich in den Mülleimer. Ein Zwang . . . Entweder du lernst, dich anzupassen, oder du gehst unter. Na, dann eben kein Studium, habe ich mir gesagt. Meine Freunde meinten, unterschreibe doch, das kriegen wir schon hin. Im Notfall, wenn wir ins Lager fahren, kannst du dir ein Attest besorgen.

Diese Inkonsequenz, wie ich das gehaßt habe. Zwei Freunde von mir sind tatsächlich von der Uni geflogen, nur weil sie sich weigerten, die vormilitärische Ausbildung in den Semesterferien mitzumachen, Die waren nicht mutig, sondern einfach dumm. Mag sein, daß andere Studenten erstmal eine Verwarnung bekommen, danach sind die derart eingeschüchtert, daß die beim nächsten Lageraufenthalt vor Angst brav mitziehen werden. So enden solche Sachen, wenn du nicht ehrlich zu dir bist. Meine Situation nach dem Abi war wirklich beschissen. Du brauchst auch im Sozialismus gute Beziehungen, um einen Job zu finden, der dir einigermaßen Spaß macht. Jeder reagiert nämlich sofort mißtrauisch, wenn du sagst, Abi, aber kein Studienplatz. Das paßt nicht in den Sozialismus. Du mußt dem Staat ewig dankbar sein, wenn er dich Abitur machen läßt, und schon deshalb mit herausragenden Leistungen aufwarten. Eigentlich habe ich mir meine Zukunft in der DDR selbst versaut.

Die Partei verlangt von jungen Menschen diszipliniertes Wohlverhalten bis zum Gehtnichtmehr. Damit bin ich nicht klargekommen. In einem Staat, der Bildung nur als Preis für die totale politische Anpassung vergibt, wollte ich nicht mehr leben.“

Thomas:

„Dieser Staat versucht, sich seine Leute zu erziehen, die hochzubringen, die die Partei für richtig hält. Jeder möchte doch aus seinem Leben machen, was er will, aber das geht im Sozialismus nur, wenn du dein Abitur machst und studieren darfst. Als ich 15 war, bin ich zur Berufsberatung gegangen. Da habe ich meinen Wunsch geäußert, gesagt, daß ich unbedingt Sportjournalist werden möchte. So ein Typ stellte mir Fragen, die mich ziemlich verwirrten. Er wollte wissen, was meine Eltern beruflich machen, ob die in der Partei sind, ob ich später in die Partei eintreten würde ... Mann, was sollte ich darauf antworten, in diesem Alter weiß man das doch noch gar nicht. Vielleicht hat er gemerkt, daß mich die Partei nicht interessierte. Ich habe ihm auch gesagt, daß meine Eltern keine Parteimitglieder sind. Innerlich war ich sogar stolz darauf, die Courage meiner Eltern habe ich immer bewundert ... Der Typ erklärte mir dann, daß der Journalismus ein für mich absolut unerreichbarer Weg sei. Der wußte bereits, daß man mir nie die Möglichkeit zum Studieren geben würde, die Tür dazu geschlossen bleibt.

Das war eine solche Enttäuschung. Jeder Schritt, den ich danach unternahm, war genau überlegt. Ich bin auch in die FDJ eingetreten, um der Schule keinen Anlaß zu geben, Kritik anzubringen und mir später das Abi nicht zu geben. Als FDJ-Sportagitator habe ich Fußballspiele organisiert, Basketballspiele mit Gruppen aus der Sowjetunion auf die Beine gestellt, alles Mögliche. Aufgrund dieser Aktivitäten bin ich gefördert worden – man merkt das selbst, daß man leichter gute Zensuren bekommt. In der 9. Klasse entscheiden die Lehrer und die Schulleitung darüber, wer das Abitur machen darf und wer nicht. Selbst wenn du gute Zeugnisse hättest, deine Eltern könnten zwar zum Schuldirektor gehen und sich beschweren, aber sie haben keinen Einfluß darauf. Die Abiturplätze sind nämlich in der Regel begrenzt – auch ein Resultat dieser Planwirtschaft. Für einen Abiturplatz muß man nicht nur gute Leistungen bringen, sondern auch vorweisen können, daß man gesellschaftlich aktiv war, daß man durch seine Arbeit den Aufbau des Sozialismus unterstützt hat. Nur weil ich mich als Sportagitator so engagiert habe, wurde mir die Ausbildung Baufacharbeiter mit Abitur zugewiesen. Das war zwar nicht mein Traumberuf, aber das zählt im Sozialismus sowieso nicht. Journalist hätte ich wie gesagt nie werden können. Ich wollte nicht in die Partei eintreten, den Lakaien spielen, ein Opportunist sein. Die Lehrer wußten auch, daß ich mich die ganze Zeit um den Wehrsport herumgedrückt hatte. In der 9. Klasse bin ich auch nicht in dem vormilitärischen Lager gewesen – genügend Minuspunkte also. Zwei Jahre später stellte unsere Familie einen Ausreiseantrag. Der Abiturplatz wurde mir gestrichen. Mit einem Ausreiseantrag in der Tasche ist man das Letzte, der Abschaum der sozialistischen Gesellschaft."

Konstanze, 26, seit 1986 lebt sie in der Bundesrepublik

„Schrankenlose Bildungschancen im Sozialismus? Da kriege ich ja bald einen Lachkrampf. So eine dämliche Propaganda. Ich glaube, die werden einem weder hier noch im Osten auf einem Tablett serviert. Die Chance, das Abitur zu machen, wurde mir schon in der 8. Klasse verbaut. Mein Durchschnitt von 1,8 schien den Lehrern nicht gut genug zu sein. Die erwarten, daß du einen Schnitt von 1,0, schlechtestenfalls von 1,4 bringst. Und wenn du dafür zu deppert bist, dann hast du die Regeln einer Leistungsgesellschaft eben nicht verstanden. Nach der 10. Klasse suchte ich eine Lehrstelle. Ich wollte so gern zum Fernsehen, Schrift- und Plakatmaler lernen. Mehr als 50 Leute hatten sich beworben. Mein Durchschnitt von 2,5 wurde von den für die Ausbildung Verantwortlichen als nicht ausreichend beurteilt. Aus reiner Verzweiflung wollte ich daraufhin Drucker werden. Diese Arbeit, so sagte man mir, sei für Mädchen zu schwer. Durch Zufall fiel mir eine Broschüre in die Hand. Man suchte Chemigraphen. Ich habe mich sofort auf die Socken gemacht und eine Lehrstelle als Facharbeiter für Reprotechnik bekommen. Die Lehrzeit war ganz normal. Nach eineinhalb Jahren arbeitet man vorwiegend im Betrieb. Die Ausbildung gefiel mir gut, interessierte und motivierte mich, deshalb habe ich auch rangeklotzt, daß ich einen sehr guten Abschluß schaffe. Der Lehrausbilder hatte mich die ganze Zeit auf dem Kieker. Es paßte ihm nicht, wenn ich mal kritische Bemerkungen machte. Zum Beispiel über fehlende Aufenthaltsräume für die Lehrlinge oder über den Kantinenfraß. Einmal habe ich in der Pause auf dem Hof eine Zigarette geraucht, da schnauzte der mich an und erteilte mir gleich eine Verwarnung. Das ist so üblich. Ich habe mich dann ein wenig zurückgehalten, aber die Arbeitsatmosphäre in dem Laden . . . die war unerträglich. Die Prüfung bestand ich mit einer Zwei. Da man sich in der DDR den Betrieb, in dem man nach der Lehre weiterarbeiten möchte, nicht aussuchen kann, blieb ich in dem alten Betrieb. Ich überlegte, wie ich da wegkommen könnte, sprach mit Bekannten in anderen Betrieben, ob da was frei wäre.

Inzwischen war ich aus der FDJ ausgetreten. Die redeten nur, statt sich für die Belange der Lehrlinge einzusetzen. In dem Betrieb nahm der Ärger zu. Als ich mal zuviel Material verbrauchte, wie übrigens andere auch, setzte der Chef mich mit einer Verwarnung unter Druck. Ein Jahr lang hatte er kontinuierlich jeden meiner Fehler vermerkt. 97 Mark wurden mir für diese Übung vom Gehalt abgezogen. Okay, es war mein Fehler, aber der kam ihm gerade recht, weil er sonst an meinen Leistungen nicht rummäkeln konnte. Kurz darauf erzählte mir ein Lehrkumpel, daß in seinem Betrieb eine Stelle frei würde, ob ich nicht Lust hätte, Fotosatz zu lernen. Na klar, eine zusätzliche Qualifikation, eine Spezialisierung sozusagen, das war genau das, was ich wollte. Sein Chef war total in Ordnung. Wir mochten uns auf Anhieb. Er sagte, mach einen Schreibmaschinenkursus und bewirb dich bei uns. Ich werde ein gutes Wort für dich einlegen. Nur schade, daß dieser Typ gar keinen Einfluß auf die Entscheidung nehmen kann.

Die Chance, dir die Weiterbildung zu ermöglichen, liegt allein bei der Kaderleitung des Betriebes, in dem du arbeiten möchtest. Da sitzt ein Mann, selbstverständlich Parteimitglied, der deine Akte aus dem Stammbetrieb anfordert. Über jeden Arbeiter existiert eine sogenannte Kaderakte. Datenschutz – denkste! Diese Akte gibt über dein ganzes Leben Auskunft – alle Zeugnisse, alle Beurteilungen, Mitgliedschaften, z.B. im FDJ, GST oder DSF, Berichte über die gesellschaftlichen Tätigkeiten des Bewerbers . . . alles ist da drin. Ein übergeordneter Mensch, der die Arbeit im Betrieb gar nicht kennt, den man selbst nie zu Gesicht bekommt, für den deine Leistung, fachliches Wissen völlig unwichtig ist . . . der fällt das letzte Wort, der muß die Zustimmung geben. Ohne daß man mir Gründe nannte, bin ich abgelehnt worden. Die Kaderleitung akzeptiert dich nicht als Mensch, der etwas leisten und lernen will. Deine politische Grundhaltung und sogenannte gesellschaftliche Arbeit ist für die das einzig Ausschlaggebende. Und auf diesem Gebiet hatte ich wirklich nicht viel vorzuweisen – aus der Sicht der SED. Nach diesem Frust kündigte ich in meinem Betrieb und suchte mir einen Job in einem Privatbetrieb. Ich wollte endlich frei sein von diesem politischen Druck, der jede Individualität zunichte macht."

5. Sozialismus ist Mitbestimmung

SDAJ:

> *„Im Sozialismus hat jeder Jugendliche das Recht auf aktive Mitbestimmung und Mitgestaltung in allen gesellschaftlichen Bereichen, in allen Bereichen des Wirtschafts- und Arbeitslebens."*

Horst:

„Als ich das erste Mal davon hörte, welche Möglichkeiten Lehrlinge in der BRD haben, hat mich das total vom Hocker gerissen. Die haben Jugendvertreter in den Betrieben, die völlig unabhängig von ihrer politischen Einstellung die Interessen und Probleme der Jugendlichen vertreten können. Die können ja sogar den Ausbildern Forderungen vor den Latz knallen, denen Dampf unterm Arsch machen, wenn die nur den Chef raushängen lassen und sich an die Ausbildungsvorschriften nicht halten. Wer fragt schon die Lehrlinge im Westen, welcher Partei sie angehören, die können doch wählen und denken, was sie wollen. Klar, mir haben Leute hier auch erzählt, daß du als Lehrling in der BRD auch nicht der King bist, hier gibt es auch hohle Meister, aber die ganze theoretische Politsoße läuft hier nicht. Im realen Sozialismus, wenn du da Probleme hast, da bleibt dir nur die FDJ. Die sogenannte Kampfreserve der Partei. Das sagt ja schon alles! Die vegetieren als totale Bürokraten in ihren Büros herum und kümmern sich einen Dreck um die

Lehrlinge. Wenn von denen neue Beschlüsse vorgetragen werden, dann sind die vorher schon von der Partei verfaßt worden – kommt doch alles immer von oben. Da haste keinen Einfluß drauf, und wenn du in deinem Arbeitsbereich mit ein paar Leuten mal andere Vorschläge zur Verbesserung der Arbeitsbedingungen ausarbeitest, dann weicht das gleich von der Linie ab.

In der BRD wird unter den Lehrlingen richtig diskutiert. Drüben kannst du den Vorschlägen der FDJ-Leitung nur zustimmen. Ablehnen, Kritik anbringen ist nicht angesagt. Diejenigen, die sich ihre Zukunft nicht vermasseln wollen, beten alles nach, was die da oben beschlossen haben. Bloß nicht aufmucken! Das ist Schleimerei und hat mit Mitbestimmung, kritischer Auseinandersetzung nichts, aber auch gar nichts zu tun. Selbst wenn du Mitglied der Gewerkschaft bist, was ja drüben jeder sein muß, die würden doch niemals den Mund aufmachen, der Partei Kontra geben. Als wenn die Gewerkschaftsbosse, die alle Parteimitglieder sind, genau über die Situation der Lehrlinge Bescheid wüßten . . . das sind Erfüllungsgehilfen der Partei, nichts weiter. In meinem Betrieb war das Verhalten der Facharbeiter zu den Lehrlingen total unter Sau. Ich habe drüben Koch gelernt. Während der ersten Monate hat unser stellvertretender Chef so Äußerungen losgelassen, damit wir gleich wußten, wo es langgeht. Mir hat er gesagt, na, wenn du hier nicht spurst, wenn du nicht das machst, was wir wollen, wirst schon sehen, wie schnell ich dir bei deiner Abschlußprüfung in deine Suppe eine Handvoll Salz hineingeschmissen habe. So eine üble Drohung! Wenn ich dann zur Chefin gegangen wäre, die hätte doch eher dem Mäck geglaubt als mir. Als Lehrling hast du die Klappe zu halten – zum Kotzen, echt. Da reden sie immer vom Sozialismus, wie toll das alles ist, wie gerecht, und im Betrieb merkst du, daß du nichts zu sagen hast. Im Lehrplan ist vorgeschrieben, daß Theorie und Praxis übereinstimmen sollen, daß das, was man in der Schule lernt, auch in der Praxis anzuwenden ist. Im ersten Lehrjahr habe ich nur abgewaschen, wurde zur Wochenendarbeit ständig verdonnert. Du kommst dir vor wie ein Hiwi, schlimmer noch, du mußt Jobs machen, die im Lehrplan überhaupt nicht vorgesehen sind . . . Gullis saubermachen, Fahrstühle auswaschen – was hat das mit einer Kochlehre zu tun. In der Berufsschule zum Beispiel hatte ich von sieben Fächern vier politische Fächer: Staatsbürgerkunde, Wehrkunde, Marxismus-Leninismus, Sozialistisches Recht und Politökonomie. Jede Woche wurden uns die Hirngespinste des Sozialismus eingetrichtert. . . . Nach dem ersten Lehrjahr gab es ein FDJ-Studienjahr. Da wurde darüber geredet, wie man die Situation der Lehrlinge verbessern könnte. Unsere Chefin saß dabei, wir haben ihr gesagt, daß das so nicht weiterginge. Wir wollten was lernen, irgendwie mußten wir doch unsere Facharbeiterprüfung bestehen. Die hat dann mit den Lehrmeistern und den Facharbeitern gesprochen. Aber das nützte nichts! Nur oberflächliche Versprechungen, dann war alles gelaufen. Jeder ist seine eigenen Wege gegangen, weil man über das Kollektiv ja nichts erreichen konnte. Es muß nicht in allen Betrieben so sein, aber wenn du als Lehrling keine unabhängige Interessenvertretung hast, dann fügst du dich und hältst die Klappe."

6. Erfüllte Freizeit

SDAJ:

> *„Im Sozialismus hat jeder Jugendliche das Recht auf sinnvolle Freizeit, Erholung und Gesundheit. Freizeit und Erholung werden zur allseitigen Entwicklung der menschlichen Persönlichkeit beitragen."*

Cornelia, 17, 1985 ist sie mit ihrer Familie über einen Ausreiseantrag in die Bundesrepublik gekommen

„Die haben wohl noch nie hinter die Kulissen geguckt. Im Sozialismus wollen sie keine menschlichen Persönlichkeiten, sondern sozialistische Persönlichkeiten. Das ist mir zu hohl. Viele Jugendliche sind drüben durch die Ideologie zugemauert. Die sagen zu allem ja und amen, lassen jede kritische Meinung an sich abprallen. Die haben gescheckt, wenn sie auch noch ihre Freizeit dem Sozialismus opfern, sie gesellschaftliche Vorteile haben. Die spulen auch nachmittags auf irgendwelchen Meetings das Parteiprogramm herunter und merken nicht einmal, daß sie sich selbst betrügen. Ich war nie Pionier, nie FDJler. Mein Vater hat mir gesagt, wenn du da drin bist, mußt du auch überzeugt sein. Wovon soll ich mich überzeugen lassen?! Ich kann da nichts Gutes dran finden, wenn mein Lehrer, da war ich 14, mich anmacht, weil ich ein Sweatshirt mit der Aufschrift ‚University California' trage. Der hat mich nach Hause geschickt – ich solle mir etwas anderes anziehen. Rumschimpfen auf den Kapitalismus, auf die westliche Dekadenz, aber Geschäfte mit dem Westen machen und ständig Geld einsäckeln. Ohne mich! Ich wollte mich nicht organisieren lassen. Ideologie ist für mich Lüge. Und unsere Ideologie da drüben mit ihrem Absolutheitsanspruch ist für mich totale Lüge. Warum muß ich denn in der FDJ sein, und dazu noch ein superaktives

Mitglied, damit ich auf Konzerte von den Puhdys, von Karat oder von Udo Lindenberg gehen darf. In der DDR werden Konzertkarten nicht offen in den Geschäften verkauft. Die FDJ verteilt die Eintrittskarten unter sich, d.h. nur die Auserwählten dürfen dahin . . . eine riesige Gemeinheit! Was meinst du, wieviele Jugendliche da das große Heulen kriegen . . .

Ich wollte immer so wahnsinnig gerne mal in die Sowjetunion fahren, das muß ein schönes Land sein, die Natur, die Weite und so. Ab und an wurden von den Schulen Studienfahrten in die Sowjetunion organisiert, aber da schiebt die FDJ-Leitung auch einen Riegel vor. Wenn ich in deren Büro gehe und sage, daß ich nicht organisiert bin, trotzdem aber so gerne dahinfahren möchte, weil es mich interessiert, dann ziehen die eine arrogante Grimasse und du kannst nach Hause gehen – was nicht heißen soll, daß jedes normale FDJ-Mitglied eine solche Reise in die sogenannten Bruderländer finanziert bekommt. Man muß immerzu was leisten für den Sozialismus, dann darfst du fahren, und die Reise kostet dich nicht mehr als 130 Mark, in vielen Fällen gar nichts. Je mehr du dich auch in der Freizeit für den Sozialismus abrackerst, um so größer ist die Chance, auch ins kapitalistische Ausland zu kommen. Eine Reise nach England oder Frankreich, davon konnte ich wie tausend andere nur träumen . . . also mit der Leistung meine ich gesellschaftliche Arbeit, auch so ein Planungsobjekt. Subotnik zum Beispiel.

Fast jeden Samstag mußten wir nach dem Unterricht mit einer Harke vor der Schule das Unkraut jäten. In der Schule soll man doch lernen und nicht Unkraut rupfen, oder? Dann diese Solidaritätsaktionen! Da sagen die Lehrer und engagierten FDJler einem so durch die Blume, wir müßten mal wieder Altstoff und Altpapier sammeln. Das legen sie auch in die Freizeit! Diese Einbindung macht natürlich Sinn

– da kommt man nicht auf dumme Gedanken. Wer das meiste Papier anschleppt, übereifrig ist, zieht Pluspunkte ein und erhält mit Sicherheit eine Auszeichnung. Wie wär's mit ein paar roten Sternchen – oder auf den Fernsehturm rauffahren . . .

Mittwoch war generell Pionier- oder FDJ-Nachmittag. Pflichtgemäß haben die Leute dann zu erscheinen. Während der Stunden bastelt man Fensterschmuck, z.B. Friedenstauben. Oder der 1. Mai wird geplant oder Pläne entwickelt für den Appell. Montags morgens wird in den Schulen drüben manchmal Appell gemacht . . . so ein bißchen auf dem Schulhof rummarschieren, der ewige Spruch am Ende einer solchen Aktion: ‚Für Sozialismus und Frieden immer bereit!' . . . Mir jedenfalls fällt dazu nichts mehr ein. An manchen Tagen besuchte uns ein Offizier oder ein Betriebsleiter. Die halten Vorträge, was weiß ich, über die heldenhafte Sowjetunion oder so – wo man doch viel lieber nachmittags Musik hören oder lesen möchte, muß man sich das Gerede anhören. Alles, was die FDJler für die Freizeit planen, ist irgendwie immer politisch. Das hat auch seinen Grund – nicht zuletzt haben die FDJ-Funktionäre den Parteiauftrag, dich so zu erziehen, daß aus dir eines Tages eine sozialistische Persönlichkeit wird."

Horst:

„Selten so'n Stuß gehört. Freizeit im realen Sozialismus ist total organisiert. Fast alles, was Jugendlichen geboten wird, ist von der FDJ gemanagt. Jugendclubs, Discos, Kinos – überall haben die ihre Hände drin. Im letzten Jahr wollte ich mit Freunden einen eigenen Jugendclub hochziehen, gemeinsame Aktionen starten, die mal weniger politisch sind, wo man abends hingeht, sein Bierchen trinkt, mal reden kann, so ganz ohne staatliche Kontrolle. Linientreue FDJler hätten wir da gar nicht reingelassen. Mann, wie wir rumgerannt sind, einen Platz zu finden. Zig Leute haben wir angequatscht, denen angeboten, daß wir auch gesellschaftliche Arbeit leisten würden. Zum Beispiel Verkehrsunterricht für Schulkinder. Das war natürlich Absicht, aber wir rechneten uns mit dieser Idee mehr Chancen aus, einen Raum zu kriegen. Kannste echt vergessen! Auf dem letzten Parteitag der SED haben sie großschnauzig ins Horn geblasen, daß alles für die Jugend getan werden solle. Da wurden auch die Betriebe aufgefordert, die Aktivitäten der Jugendlichen finanziell zu unterstützen. So eine Pleite! Eigentlich hätten wir es besser wissen müssen. Man hat uns überhaupt nicht ernst genommen. Die haben einen solchen Schiß vor staatsfernen Aktionen – ich sage nur, Cliquenbildung – das ist für die Roten 'nen rotes Tuch. Grotesk, was! Kam ja nicht von ungefähr, daß wir was Eigenes aufmachen wollten.

Bei den FDJ-Veranstaltungen muß man wirklich aufpassen, wenn man seine Klappe aufreißt. Einer hat mal auf einer Fete seinen Frust abgelassen. Das Bier hatte den niedergemacht – so ganz ohne Hemmung faselte der: ‚Leute, ich habe die Schnauze gestrichen voll, ich haue hier ab' – tja, und da hat eben einer hingehört und das weitergetragen. Für den Spruch hat der Typ eineinhalb Jahre Knast gekriegt . . . Ich habe als Lehrling 120 Mark im Monat verdient – da ist nichts mit doller Freizeit. Du mußt ja von den Kröten auch noch deine Klamotten bezahlen. Für eine Windjacke, die ein bißchen nach was aussieht, schicker ist als der übliche Kaufhausdreß, mußt du drüben 500 Märker auf den Tisch legen. Hier zahlst du dafür höchstens 80 Mark . . . Und abends weggehen – ein elender Streß. Vor den wenigen Discos, die es gibt, muß man stundenlang Schlange stehen. Hat man sich dann endlich vorgekämpft, wirst du von dem Einlasser auch noch nach deinem Outfit beurteilt. Kann durchaus passieren, daß der dir die Tür vor er Nase zuschlägt. Peng! Um klüger zu sein als die anderen, habe ich mit ein paar Leuten in einer Disco auf eine Flasche Sekt, die einen Zwanziger kostet, oft noch einen Zehner draufgetan, damit wir beim nächsten Mal schneller reinkamen, ohne da draußen endlos anzustehen.

Jeder ist käuflich! Logisch – es braucht nur seine Zeit, bis man die Kniffe raushat. Irgendwann hatte ich einen Dreh gefunden, an Geld zu kommen. Nur Jugendliche, die schieben, Westkontakte haben, können sich was erlauben. Drüben sind die beispielsweise total scharf auf Walkmen – unbezahlbar die Dinger im Osten. Meine Großmutter im Westen hat mir alle paar Monate eine Ladung rübergeschickt. Je nachdem, was sie wert waren, habe ich sie dann für das Zwei- bis Dreifache unter die Leute gebracht. Daß die Vopo mich dabei nicht erwischte, war mein Glück, hätte auch schiefgehen können. Angeblich schaden solche Geschäfte der DDR-Volkswirtschaft, also ist das verboten. Mit dem Konsum ist das sowieso so eine Sache. Im Westen achten die Leute für meinen Geschmack viel zu sehr aufs Äußerliche. Tolles Auto muß sein, jeden Tag andere Klamotten, Hauptsache auffallen. Auf jeden neuen Schnickschnack fahren die ab – jedenfalls ist das jetzt an meiner Schule so. Trotzdem . . . hier machst du irgendeinen Job und kannst dir mit dem Geld Wünsche doch relativ schnell erfüllen. Du gehst in ein Geschäft und kaufst dir eben die Platte, die du haben willst. Westplatten sind in der DDR absolute Mangelware. Comics oder Jugendzeitschriften, in denen Jugendprobleme wirklich kritisch diskutiert werden, gibt es nicht – die werden auch unterm Tisch gehandelt. Man lechzt einfach hinter allem hinterher. Das stinkt den Leuten! Die wollen keinen Überfluß, keinen Konsumrausch, aber diese Gängelei, die Zensur bei allem, daß die Partei dir vorschreibt, was du lesen darfst, was du zu tun und zu lassen hast, das hängt den Jugendlichen zum Halse raus. Früher – als ich noch ein armer Willi war, bin ich nach der Schule sofort nach Hause gerannt und habe Westsender gehört. Die reden so locker über den Äther, und dann die geile Musik . . . da hängst du mit dem Ohr stundenlang am Radio und fühlst dich eine Zeitlang ideologiefrei.

Die FDJ hat auch sogenannte ‚Ordnungsgruppen', sie üben in erster Linie Kontrolle aus und sollen auf Jugend- und Großveranstaltungen der FDJ für Disziplin und Ordnung sorgen. Sie kontrollieren in Jugendclubs den Einlaß, den Alkoholausschank, das Programm und haben gegenüber Jugendlichen Quasi-Polizeifunktion."

Sylvia, 19, 1985 ist sie mit ihrer Familie in die Bundesrepublik gekommen

„Am meisten hat mich hier gewundert, daß die Jugendlichen sich hier so wenig für Politik interessieren. Natürlich habe ich erstmal aufgeatmet, denn hier darf man unpolitisch sein. Drüben ist einfach alles politisch! Ob du in die Disco gehst oder in den Sportverein, auch wenn man es nicht sofort merkt . . . Politik der Partei, der Arbeiterklasse, versteht sich. Mein Vater hatte damals Ärger, weil er am Arbeitsplatz eine Jeans trug. Meine Mutter wurde von ihrem Chef unter Druck gesetzt, weil sie im Petticoat zur Arbeit erschien. Klar, das ist lange her – heute hat sich manches geändert. Nicht umsonst sagt Honecker, wer die Jugend hat, hat die Zukunft. Aber da frage ich mich, wie soll die Jugend für den Sozialismus begeistert werden, wenn man ihr ihre Musik und ihre Mode vorenthält. Die meisten Discos, in die ich drüben gegangen bin, spielten die gleiche Musik wie hier auch – bloß waren die dann auch immer überfüllt. Es gab aber auch Discos, wo sich der Schallplattenunterhalter, wie drüben offiziell ein Discjockey genannt wird, besonders hervortun wollte. Da wurde dann immer das vorgeschriebene Verhältnis von West- und Ostmusik eingehalten, und auch die politische Information kam nicht zu kurz. Ein FDJ-Funktionär hat einmal in einer Sendung des Ost-Fernsehens gesagt: ‚Discotheken sind politische Veranstaltungen.' Wenn die Discos politisch so wichtig sind, kann da nicht jeder kommen und machen, was er will? Will jemand drüben als Schallplattenunterhalter arbeiten, so muß der arme Kerl in seiner Freizeit erstmal wochenlang Lehrgänge besuchen, auf denen er sich die Kulturpolitik der Partei reinziehen muß. Am Ende steht dann eine Prüfung. Wenn er die besteht, bekommt er seine staatliche Spielerlaubnis. Der weiß dann auch, daß 60 Prozent der Musik, die er spielt, aus dem Osten stammen muß, und zwischen den Scheiben politische Infos weitergegeben werden sollten. Da will man fetzen, und so mittendrin zwischen zwei Musiktiteln sozusagen erzählt der dir dann was von FDJ-Initiativen und Planerfüllung. Das schlimmste, was ich bisher erlebt habe, war ein etwa 20minütiges Gespräch – ein paarmal unterbrochen durch Musik, mit einem Unteroffizier der NVA, der sich darüber ausließ, weshalb er sich für drei Jahre Militärzeit verpflichtet habe . . . von wegen Schutz der sozialistischen Errungenschaften gegen den Imperialismus und so. Da kannst du nur auf Durchgang schalten und währenddessen rausgehen, frische Luft schnappen kann man auch nicht, sonst kommt man nicht wieder rein.

Manche Leute machen den offiziell staatlich genehmigten Kram erst gar nicht mit. Die gründen Bands und üben in irgendwelchen privaten Kellern. Da lassen sie ihren ganzen Zonenfrust heraus. Entsprechend hart ist die Musik, noch härter sind die Texte. Auch wenn du noch nicht davon gehört hast, drüben gibt es Punkbands, irreal, sozialistische sozusagen. Aber glaube bloß nicht, daß die drüben eine Auftrittserlaubnis kriegen. Über Buschfunk erfährst du, daß irgendwann irgendwo so eine Truppe spielt. Entweder in einem Keller oder in einer Privatwohnung. Ist zwar ziemlich eng und miefig dort, aber eine Superstimmung. Bloß wenn Nachbarn die Vopos rufen, ist die Chose bald gelaufen. Dann müssen alle, die da sind, mit aufs Revier zur Feststellung der Personalien, wie das drüben heißt. Außerdem ist eine Geldstrafe wegen Störung des sozialistischen Zusammenlebens immer drin. Wenn sie Pech haben, nimmt man ihnen ihre Instrumente einfach weg. Für viele kann das dann das Ende der schulischen oder beruflichen Karriere bedeuten."

7. Die Kulturgesellschaft

SDAJ:

> *„Kultur und Kunst werden sich im Sozialismus frei und ohne unmittelbaren wirtschaftlichen Druck entfalten können. Die kulturellen, künstlerischen und ästhetischen Ansprüche des arbeitenden Volkes können befriedigt werden. Das eröffnet vor allem den Kulturschaffenden völlig neue Wirkungsmöglichkeiten."*

Unter dem Stichwort „gelenkte Kulturpolitik" hat die schon am Anfang erwähnte, von Staat und Partei unabhängige DDR-Friedensgruppe in einem Brief an Erich Honecker im April 1986 Kritik an der parteilichen Kulturpolitik geübt.

„Die kulturellen Bedürfnisse werden nicht von der Bevölkerung bestimmt, sondern künstlich von der Partei nach staatlichen Gesichtspunkten geweckt und manipuliert. Durch die von der Partei gelenkte Kulturpolitik findet die ideologische Infiltration in allen Bereichen der Kunst und Kultur statt und wird eine Freisetzung künstlerischer Kreativität behindert. Die finanziellen Mittel werden nach politischen Gesichtspunkten eingesetzt. Besonders zu verurteilen ist, daß die Kulturpolitik durch den Ausverkauf von unersetzbaren Kulturgütern (Antiquitäten, Museumsgütern, Antiquitätsbeständen) auf ökonomischen Gewinn setzt.

Angesichts der Weltprobleme der 80er Jahre ist es unverständlich, daß eine Orientierung der Kulturpolitik auf ein optimistisches und von Wunschdenken geprägtes Bild der gesellschaftlichen Verhältnisse erfolgt. Die Tendenz zu einem immer mehr den Vergnügungs- und Zerstreuungsdrang des Publikums befriedigenden Kunst- und Kulturbetrieb erfüllt gleichzeitig das Bedürfnis der Bevölkerung nach Entlastung und den ideologischen Anspruch nach Beschönigung der Wirklichkeit. Wo die Schemata des sozialistischen Realismus nicht mehr greifen, wird verstärkt auf Trivialkultur und billigen Kunstersatz zurückgegriffen. Klassischer Kitsch und Neokitsch blockieren gleichermaßen kritisches Bewußtsein und erfüllen eine Ventilfunktion.

Die Zwänge, die durch die Kulturpolitik den Künstlern und Kulturschaffenden auferlegt werden, haben viele auch von denen, die Privilegien (z.B. materielle Güter, Arbeitsmöglichkeiten und Reisen) hatten, zur Ausreise getrieben und die kulturelle Landschaft der DDR zur Dürre werden lassen."

Viele Künstler, Schriftsteller wie Maler, haben die DDR verlassen, weil sie in ihrer künstlerischen Arbeit von der Partei unterdrückt und bevormundet worden sind. Einer von ihnen ist Frank Rub, geboren 1952 in Jena. Er kam über Kurse an der Volkskunstschule zu einer autodidaktischen Malerei und Bildhauerei. Ende 1985 reiste Frank Rub in die Bundesrepublik aus und lebt seitdem in West-Berlin.

„Die Einladungskarte in die SED-Kreisleitung, Zimmer 409, KPKK, führte mich zum Genossen S., dem Leiter der Parteikontrollkommission. Was wollte die ‚Polizei der Partei' von mir, dem jungen Genossen, der erst vor eineinhalb Jahren (1976) Kandidat der Partei wurde?

S., freundliches Lächeln, lockerte etwas meine innerliche Spannung. So schlimm konnte es nicht werden. S: ‚Genosse Rub, hier sind zwei Genossen vom Ministerium für Staatssicherheit, die sich gern mit Dir mal unterhalten würden!' 1.: ‚Ja, Genosse Rub, wir würden gern mit Dir über Probleme junger Künstler reden.'

2.: ‚Du und Deine Frau stellt doch zur Zeit (Februar 1978) in der Stadtgalerie am Ernst-Thälmann-Ring aus, wir haben uns die Bilder angesehen, sehr schöne Sachen dabei, besonders auch von Deiner Frau. Aber auch viel dunkel und düster gemalte. Kannst Du uns etwas dazu erläutern?'

Damit fing alles an. Die ‚Kunstpolizei' hatte uns im Griff. Wenig später wurde die öffentliche Arbeit unserer Künstlergemeinschaft verboten, ich aus der SED ausgeschlossen. Der Ausstellung ‚Glaube – Hoffnung – Humanismus', in der Jenaer Stadtkirche (1979), die von Yves Rub, Lutz Leitner und mir gemacht wurde, drohte der Bürgermeister mit Schließung. Drei unserer Arbeiten mußten abgehängt werden. Im Januar 1983 wurden 12 Mitglieder der Jenaer Friedensgemeinschaft verhaftet, und ich erläuterte den Genossen der ‚Kunstpolizei' im Staatssicherheitsgefängnis in Gera, warum meine Frau und ich an einer Ausstellung in Westberlin teilnahmen. Die Präsentation nannte sich ‚Kunst im Widerspruch. Bilder aus der DDR' und fand im August 1982 statt. Während Willi Sitte, der Vorsitzende des DDR-Künstlerverbandes, beim Besuch dieser Ausstellung erwähnte, daß die dort gezeigten Arbeiten ohne Schwierigkeiten im DDR-Kunstbetrieb ausgestellt werden könnten, klärten mich die Genossen der ‚Kunstpolizei' über die staatsfeindlichen Inhalte unserer gezeigten Bilder auf. Gleichzeitig belehrten sie mich anhand des Strafgesetzbuches über die Anzahl der Jahre, die ich dafür abzusitzen hätte.

Um einer totalen Selbstverleugnung aus dem Wege zu gehen, blieb mir die einzige und von den ‚Kunstgenossen' selbst vorgeschlagene Alternative – Ausreise nach dem Westen. Ich wußte nicht, daß sich währenddessen Freunde in Westberlin bemühten, eine breite Öffentlichkeit für die Sache zu interessieren. Künstler in der DDR werden aufgrund ihrer individuellen Vorstellung von Kunst verhaftet und nach dem Westen abgeschoben. Es kam zu Solidaritätserklärungen, Petitionen wurden von namhaften Leuten der Kunst und Politik verfaßt.

Was mich schlägt
ist nicht der Tag
der am Morgen schon vergangen
ist nicht die Hoffnung
die an Mauern oft zerbricht
ist nicht die Härte
die uns hier bewegt
ist nicht der Knüppel
der den Mündern droht
ist nicht das Blut
das bleibt rot
was mich schlägt
ist die Gewohnheit sich zu unterwerfen"

Frank Rub, 7. 9. 1983

8. Sozialismus und Freiheit

SDAJ:

„Reale Freiheit, Demokratie und Verwirklichung der Menschenrechte gibt es nur im Sozialismus."

Im Juli 1985, es war das UNO-Jahr der Jugend, haben DDR-Jugendliche in einem Protestbrief ihre Ansichten und Meinungen zum Thema „Pochen auf die Verwirklichung der Grundrechte" zum Ausdruck gebracht.

„Wir meinen, daß die volle und allseitige Entwicklung und Verwirklichung der Menschen, speziell der Jugend, nur möglich ist, wenn die in der allgemeinen Erklärung der Menschenrechte festgeschriebenen Grundrechte voll verwirklicht werden. Da dies bisher nach unserer Kenntnis in keinem Land erreicht ist, sehen wir es als eine internationale Aufgabe an, die volle Verwirklichung der allgemeinen Menschenrechte durchzusetzen. Dabei werden aufgrund unterschiedlicher Strukturen die Ansatzpunkte verschieden sein. Für uns in der DDR ist die Durchsetzung folgender Rechte eine wichtige Aufgabe:

Recht auf freie Meinungsäußerung; Recht auf freie Information; Recht auf Freizügigkeit; Recht auf uneingeschränkte Reisefreiheit; Chancengleichheit in der Bildung unabhängig von Religion und Weltanschauung. Um diese Rechte durchzusetzen, sind nach unserer Meinung in unserem Land unter anderem folgende Maßnahmen notwendig:

1. Das Recht auf freie Meinungsäußerung wird durch strafrechtliche Bestimmungen, deren Tatbestände nur sehr allgemein formuliert sind, eingeschränkt. Da dieses Recht jedoch nicht nur auf das Recht der Zustimmung zu staatlichen Maßnahmen reduziert werden darf, müssen Paragraphen, die die Ausübung dieses Rechtes unter Strafe stellen können, außer Kraft gesetzt bzw. geändert werden.

2. Ein freier und unzensierter Informationsaustausch muß möglich werden. Dazu ist es unumgänglich, Zensurbestimmungen aufzuheben, freie Publikationen unterschiedlichster Art zu garantieren und noch immer vorhandene Einschränkungen für Publikationen aus dem Ausland aufzuheben. Ebenfalls dürfen Veröffentlichungen im Ausland und aus der DDR heraus nicht von staatlicher Genehmigung abhängig sein. Auch hierbei sind umfassende Gesetzesänderungen notwendig.

3. Das auch in der Verfassung der DDR festgeschriebene Recht auf Freizügigkeit wird in der Praxis eingeschränkt. Es darf nicht möglich sein, Bürgern der DDR ihren Wohnsitz vorzuschreiben, ihnen den Aufenthalt in der Hauptstadt und anderen Orten zu verbieten und ihren Aufenthalt auf ihren Heimatkreis zu beschränken.

4. Die außerdem praktizierten starken Einschränkungen im Reiseverkehr ins östliche und westliche Ausland behindern die Vertrauensbildung zu anderen Völkern und zur eigenen Regierung. Dies gilt nicht nur für die in Ausnahmefällen möglichen Reisen in das westliche Ausland, sondern auch für Reisen in Länder, die eigentlich unsere Bündnispartner sind. So ist es z.B. nicht verständlich, daß Bürger der DDR an der Grenze zur CSSR ohne Begründung zurückgewiesen werden können, daß Privatreisen nach Polen nur in Ausnahmefällen möglich sind, daß Reisen nach Ungarn und Rumänien, Bulgarien und in die Sowjetunion beantragt werden müssen und ohne Begründung abgelehnt werden können. Es ist uns z.B. unmöglich, als Bürger der DDR spontan nach Moskau zu reisen, um Veranstaltungen der 12. Weltfestspiele mitzuerleben. Reisen in das westliche Ausland sind nur für eine Minderheit, hauptsächlich ältere DDR-Bürger, möglich und für die Mehrheit ausgeschlossen.

In diesem Bereich sind umfassende Änderungen notwendig, um jedem freien Aus- und Wiedereinreise zu garantieren.

5. Friedliche Versammlungen und die Gründungen von Initiativen, Organisationen, Vereinen, Verbänden und Parteien dürfen nicht abhängig sein von einer staatlichen Genehmigung. Die freie, uneingeschränkte Arbeit unabhängiger Gruppierungen würde die Gesellschaft vor der Erstarrung in eine festgefügte Verwaltungsordnung, die die schöpferische Initiative der Bürger unseres Landes nur hemmt, schützen.

6. Es darf weder soziale noch weltanschauliche Bildungsprivilegien geben. Es muß vermieden werden, Wohlverhalten zu fördern und offen geäußerte Kritik zu bestrafen. Dies setzt auch voraus, die Bildungspolitik inhaltlich offener zu gestalten.

Wir möchten mit diesem Brief nicht eine gegen die DDR gerichtete Propaganda unterstützen, sondern möchten konstruktiv an der Gestaltung der gesellschaftlichen Verhältnisse in unserem Land mitarbeiten. Wir stimmen mit der Regierung der DDR darin überein, daß der Frieden das Wichtigste ist. Jedoch ist Frieden mehr als ein dauerhafter Waffenstillstand. Solange die international anerkannten Menschenrechte verletzt werden, kann kaum von Frieden gesprochen werden, denn jegliche Beeinträchtigung der Menschenrechte, gleich in welcher Gesellschaft, gefährdet den Frieden.“

IV. „Junge Revolutionäre“ in der Bundesrepublik

Die SDAJ versteht sich als Jugendverband junger Revolutionäre. Revolution und Revolutionär sind Begriffe, mit denen sich in der Geschichte Barrikaden, Bürgerkrieg, Gefängnis, Hinrichtungen, Opferbereitschaft und Tod verbinden. Selten gab es in der Geschichte politische Revolutionen ohne Gewalttätigkeit. Aber die gewalttätigen Begleitumstände einer Revolution, eines gewaltsamen Umsturzes bestehender Verhältnisse, sind nur die eine Sache. Nach einer Revolution kommt eine neue Ordnung. So sind die demokratischen Staaten der westlichen Zivilisation Ergebnis der englischen Revolution des 17., der amerikanischen und französischen Revolution des 18. Jahrhunderts. Noch heute erinnern der amerikanische Unabhängigkeitstag und der französische Nationalfeiertag an die revolutionären Aufstände des amerikanischen und des französischen Volkes von 1776 bzw. 1789. Von ebenso großer Bedeutung wie die politischen Revolutionen ist die industrielle Revolution, die sich im 18. Jahrhundert in England vollzog. Die Erfindung der Dampfmaschine hat die Welt genauso verändert wie die Proklamation der Menschenrechte in der französischen Nationalversammlung von 1789.

Seit 1789 steht der Begriff Revolution nicht nur für Umsturz; Revolution beinhaltet auch den Gedanken des menschlichen Fortschritts. Junge Kommunisten sind überzeugt, daß sie die Erben der demokratischen Revolutionäre des 18. Jahrhunderts sind. Der Maßstab des Fortschritts im ausgehenden 20. Jahrhundert – den setzen sie! Schon in dem Schulungsbuch der SDAJ wird die Welt, in der wir leben, beschrieben als ,,Epoche des Übergangs vom Kapitalismus zum Sozialismus". Das Jahr 1 dieser Epoche des Übergangs ist 1917. Damals eroberte die Partei der Bolschewiki in der Oktoberrevolution die Staatsmacht in Rußland. ,,Kein Ereignis der Weltgeschichte hat so großen Einfluß auf die Entwicklung der Menschheit genommen wie diese erste siegreiche sozialistische Revolution, die Entstehung des ersten sozialistischen Landes der Welt, der Sowjetunion. Von diesem historischen Ereignis an besaß die internationale Arbeiterklasse nicht nur das theoretische Fundament für den Kampf um den Sozialismus, in den Lehren von Marx, Engels und Lenin; es besaß die erste staatliche Machtbasis gegenüber dem Imperialismus. Damit wurde der Grundstein für die Herausbildung des sozialistischen Weltsystems gelegt. Verglichen mit den jahrhundertelangen Kämpfen der Ausgebeuteten gegen ihre Unterdrücker ging nach der Oktoberrevolution die Geschichte des revolutionären Kampfes mit Siebenmeilenstiefeln voran."

Einer der wichtigsten Faktoren, der die Herausbildung des ,,sozialistischen Weltsystems" beförderte, war der Sieg der Sowjetunion über das nationalsozialistische Deutsche Reich im Zweiten Weltkrieg. Der Aufstieg der Sowjetunion zur Weltmacht ist untrennbar verflochten mit der Geschichte des deutschen Nationalsozialismus. Hitler rechtfertigte seinen Kampf gegen die erste deutsche Republik unter anderem mit dem Kampf gegen den Kommunismus. Er wollte ein ,,Großdeutsches Reich" im Osten errichten, die ,,Judenfrage" lösen und Polen und Russen als Kolonialvölker deutscher Herrschaft unterwerfen. Auf der Grundlage dieses Rassenimperialismus befahl Hitler 1941 den Angriff auf die Sowjetunion. Seine Erwartungen, mit einem Blitzkrieg auch dieses Land zu erobern, erfüllten sich nicht. 1945 kehrte dieser Krieg nach Deutschland zurück. Ein Ergebnis war die Spaltung Deutschlands und die Etablierung kommunistischer Herrschaft in dem Teil Deutschlands, den die Sowjetunion als Besatzungszone bekam. Aus der sowjetischen Besatzungszone (SBZ) ist längst die heutige DDR geworden. Sie wäre niemals ohne den politischen Willen der Sowjetunion entstanden. Die Deutschen in der DDR wurden über die Errichtung dieser Ordnung nicht befragt, sie wurde ihnen befohlen. Noch immer prägen Mauer und Stacheldraht die „Staatsgrenze-West" der DDR, und die Grenztruppen haben den Kampfauftrag, jede Flucht zu verhindern.

Prüfstein für alle Kommunisten ist nach dem Programm der DKP, und das gilt auch für die SDAJ, sein Verhältnis zur Sowjetunion. Ohne diese Bindung von DKP und SDAJ an die Sowjetunion und die DDR kann ihre Politik und ihre politische Bedeutung in der Bundesrepublik nicht verstanden werden. Die DKP sieht das auch selber so. Ihr Chef Herbert Mies hat schon 1976 erklärt, daß das politische Gewicht der DKP sich nicht wie bei SPD, CDU/CSU, FDP und Grünen daraus ergibt, wieviel Mitglieder die Partei hat oder wieviel Stimmen sie bei den Wahlen bekommt. Worauf beruht die Macht der DKP aber dann? DKP-Chef Mies weiß es genau: Die DKP repräsentiert die kommunistische Weltbewegung in der Bundesrepublik und verkörpert die sozialistische Zukunft des Landes.

Die Solidarität mit der Politik von KPdSU und SED gibt Anhängern und Funktionären Kraft und Siegeszuversicht. Die DKP weiß sehr wohl, daß ihre Politik immer noch von der überwältigenden Mehrheit der Bundesbürger rundweg abgelehnt wird. Aber die Ablehnung entmutigt sie nicht. Als Marxisten-Leninisten unterwerfen sie sich keinen Mehrheitsentscheidungen. Sie verfügen über eine „wissenschaftliche Weltanschauung", die aber nicht als pure Welterklärung mißverstanden werden darf, sondern sie ist für Kommunisten die Anleitung zum Handeln. Aus ihrer Perspektive ist die Ablehnung der Kommunisten in der Bundesrepublik Ergebnis „antikommunistischer Manipulation“ durch die Massenmedien und somit Ausdruck des falschen Bewußtseins.

Nach Ansicht der SDAJ leben wir in einer Gesellschaft, in der 1. das Großkapital herrscht, 2. im Unterschied zur DDR mit den gesellschaftlichen Wurzeln der nationalsozialistischen Diktatur nicht gebrochen wurde und 3. der Staat Bundesrepublik gemeinsame Sache macht mit dem Hauptkriegstreiber unserer Zeit, den Vereinigten Staaten von Amerika.

Eine politische Losung der SDAJ, die sie immer wieder hervorholt, heißt: „Das Übel an der Wurzel packen: die Macht der Monopole knacken!“. Großunternehmen heißen in der Sprache der kommunistischen Ideologie „Monopole“. Sie sind nach Ansicht der SDAJ in der Bundesrepublik die „Herrscher ohne Krone“. Originalton SDAJ: „Heute beherrscht das Finanzkapital in der Bundesrepublik direkt oder indirekt den größten Teil der Produktion, des Innen- und Außenhandels und der Finanzgeschäfte. An seiner Spitze sitzen wenige Hundert Personen, die die Schalthebel des Finanzkapitals in der Hand haben – Siemens, Thyssen, Flick, Quandt, Abs, Amerongen usw.“ Wie die Herrschaft der „Monopole“ in der Bundesrepublik politisch umgesetzt wird, hat auf dem 9. SDAJ-Bundeskongreß Gerd Hinz, Jugendvertreter bei der Firma Siemens in Erlangen, erläutert: „Siemens hat ca. 400 politische Interessenvertreter im Bundestag, in Landtagen und Stadträten sitzen. Wohlwollend werden sie von der Firma ganz oder teilweise freigestellt. ... Siemens, das heißt hochorganisierte Unternehmer-Macht!“

Der SDAJler hat mit dieser Aussage über die Politik der Firma Siemens nicht seine persönlichen Erlebnisse als Lehrling mit „seiner Firma“ wiedergegeben. Er tat etwas anderes: als Delegierter des SDAJ-Bundeskongresses durfte er am Beispiel seiner Lehrfirma eine Feststellung des DKP-Programms von 1978 öffentlich propagieren. „Die Einflußnahme der großen Monopole auf die staatliche Politik wird immer stärker und direkter . . . Das Großkapital kauft und korrumpiert Politiker, entsendet seine Vertreter in Regierungsämter, finanziert Parteien."

Nun soll hier nicht bestritten werden, daß Unternehmen von der Größenordnung der Siemens-AG wirtschaftliche und gesellschaftliche Macht ausüben. Was aber der SDAJler Hinz hier tut, ist, den Eindruck zu erwecken, als wenn in vielen Bereichen der Politik nur das geschieht, was vorher das Unternehmen Siemens „seinen" Abgeordneten befohlen hat. Aber Hinz braucht die demagogische Überzeichnung, um die Arbeit der SDAJ gebührend herausstreichen. Der „hochorganisierten Unternehmer-Macht" will er die der SDAJ „entgegensetzen". Hinz wörtlich: „Unsere Hauptaufgabe ist die Schaffung einer ‚wehret-Euch-Haltung' und die Entwicklung von Klassenbewußtsein im Betrieb. Aber das ist erst durch das Vorhandensein organisierter Kräfte möglich. Daraus leitet sich die Stärkung der SDAJ-Betriebsgruppen im Betrieb ab. Durch Entlarven von Unternehmermachenschaften können wir unsere Kollegen auf die Systemursachen hinweisen."

Systemursache, das bedeutet, der Kapitalismus der Bundesrepublik muß weg! Warum muß der Kapitalismus weg? Nach Meinung von Hinz vor allem weil 1. die Arbeitnehmer eine unterdrückte Klasse sind, 2. die Politik der Monopole nach außen aggressiv ist und zum Krieg führt und 3. innenpolitisch besonders in Krisenzeiten die Gefahr besteht, daß die Monopole eine Diktatur errichten.

So ist für den SDAJ-Vertreter Hinz Siemens heute eben nicht ein Unternehmen, in dem Waschmaschinen, Geschirrspüler, Kühlschränke, Staubsauger und Telefone produziert werden. Wichtig ist für ihn: Siemens ist ein Rüstungsgigant, der früher wie heute das Geschäft mit dem Krieg macht, früher wie heute sein Geld daran verdient. Anders gesagt: Siemens ist also demnach ein Kriegskonzern mit Tradition.

„Mit der Produktion von Massenvernichtungsmitteln verdienen sie sich in der Gegenwart wie in der Vergangenheit eine goldene Nase: Im Ersten Weltkrieg: Produktion von Minen, U-Boot-Motoren, Granaten, Zündern und Maschinengewehrzellen." Des weiteren behauptet Hinz, daß Siemens 1933 gemeinsam mit anderen Konzernherren die Übertragung der Macht an Adolf Hitler gefordert hat. Diese Aussage findet seine Erklärung in der kommunistischen Interpretation über das Wesen des Faschismus.

„Der Faschismus an der Macht ist also eine Herrschaftsform des Monopolkapitals, und zwar die offen terroristische Form der Diktatur der Monopole . . . der Faschismus an der Macht ist also die offene terroristische Diktatur der reaktionärsten, am meisten chauvinistischen, am meisten imperialistischen Elemente des Finanzkapitals . . . der Drang zur Aggression nach außen und zum Abbau demokratischer Rechte im Innern ist dem Monopolkapital überhaupt wesenseigen, weil es versucht, alle gesellschaftlichen Bereiche seinen Profitinteressen unterzuordnen und durch Ausplünderungen anderer Länder und Völker seine Monopolprofite zu erhöhen . . . Solange sie unter Bedingungen der bürgerlich-parlamentarischen Demokratie ihre Profit- und Machtinteressen durchsetzen können, bevorzugen sie diese Herrschaftsform, weil sie besser dazu geeignet ist, die Klassengegensätze und den Klassencharakter des Staates zu verschleiern . . ."

Für Hinz sind aus dieser Perspektive gesehen die demokratische Ordnung der Bundesrepublik und die terroristische Diktatur des Nationalsozialismus nur zwei Herrschaftsformen des Kapitalismus.

Bei Siemens hatte der SDAJler gemeinsam mit anderen Jugendvertretern die Initiative „Jugendvertreter gegen

SDI" gegründet. Hinz und andere eröffneten die erste „Weltraumwaffenfreie Lehrwerkstatt". Das war der Siemens AG denn doch zuviel. Sie kündigte Gerd Hinz.

Betrieblicher Friedenskampf, wie SDAJ und DKP – deren Mitglied Hinz ist – sich das in der Praxis vorstellen. Friedenskampf, der für die SDAJ bedeutet: die einseitige Abrüstung des Westens politisch in der Bundesrepublik durchzusetzen. Das Ziel besteht nicht nur darin, Raketen, Atomwaffen und andere Waffensysteme zu verschrotten, DKP und SDAJ geht es um mehr: nämlich um die Verhinderung westlicher Militärforschung. Für Hinz war das aber nicht nur eine Beteiligung am Friedenskampf, sondern, wie die SDAJ stolz bemerkt: „Gerd ist außerdem aktiv im Ortsjugendausschuß der IGM in Erlangen und in der SDAJ-Betriebsgruppe als Gruppenleiter."

Die von Hinz mit gegründete Jugendvertreterinitiative gegen SDI hat das Ziel, Militärforschung zu verhindern – auch mehr oder weniger offen ausgesprochen: „Jemand, der für den Frieden ist und feststellt, daß die Firma, bei der er arbeitet, sehr stark in der Rüstungsproduktion mitmischt, hat im Betrieb den besseren Hebel, daran etwas zu verändern."

In dieser betrieblichen „Friedensinitiative" gegen SDI paart sich der Friedenskampf der SDAJ mit dem ökonomischen Klassenkampf gegen die Macht der Monopole, der vor allem durch die Ausweitung gewerkschaftlicher Mitbestimmung und dem gemeinsamen Bündnis von Kommunisten, Christen, Sozialdemokraten, Gewerkschaften und Grünen begegnet werden soll. Warum, mag mancher fragen, hat die Mehrheit im Betriebsrat der Kündigung von Hinz durch die Siemens AG zugestimmt – übrigens gegen die Stimmen der IG Metall-Vertreter? Die Antwort dafür findet man auf einem Flugblatt, das der Betriebsrat mit dem Redebeitrag von Hinz und seiner Zustimmung zur Kündigung verteilte. ,,Die Betriebsleitung erkennt darin bösartige Verleumdungen, aufgrund derer eine weitere Zusammenarbeit mit Herrn Hinz nicht mehr möglich ist. Der Betriebsrat und die Jugendvertretung haben darüber zu beschließen, ob die Zusammenarbeit mit diesem Mitarbeiter noch zumutbar ist oder nicht. Nach reiflicher Überlegung sind der Betriebsrat und die Jugendvertretung mit einer Zweidrittelmehrheit zu dem Entschluß gekommen, daß die Zusammenarbeit für beide Seiten nicht mehr zumutbar ist.“

Als die Kündigung des SDAJlers bekannt wurde, schrieb der IG Metall-Funktionär Heinz Hawreliuk vom Hauptvorstand der DGB-Gewerkschaft an den Vorstand der Siemens AG unter anderem: ,,Sie dürfen versichert sein, daß die politische Wertung hinsichtlich des staatsmonopolistischen Kapitalismus des Herrn Gerd Hinz nicht von der IG Metall getragen wird. Dennoch verurteilt die IG Metall Ihre Absicht, Herrn Gerd Hinz fristlos zu kündigen. Allzusehr drängt sich der Eindruck auf, daß die Siemens AG mit dieser fristlosen Kündigung auf ein ihr nicht genehmes politisches Engagement reagiert. Diese Art des politischen Maulkorbes kann die IG Metall gegenüber Beschäftigten und betriebsverfassungsrechtlichen Interessenvertretern nicht hinnehmen. Wir bitten Sie, Ihre Entscheidung zu überprüfen. Es dürfte niemandem dienen, wenn die Siemens AG politische Märtyrer schafft.“ ,,Politischer Märtyrer“ – so das Stichwort des IG Metall-Funktionärs Hawreliuk für den SDAJler. Ist dieser aber tatsächlich ein politischer Märtyrer? Für Kommunisten geht es im politischen Kampf immer um die Frage Lenins, wer – wen? Entweder siegt die von der KP geführte Arbeiterklasse, oder der Klassenfeind gewinnt. Ziel des Klassenkampfes ist es, die Kapitalherrschaft zu brechen und die ,,Diktatur des Proletariats“, also die Diktatur der kommunistischen Partei im Namen der Arbeiterklasse zu etablieren. Einmal an der

Macht, gibt es natürlich keine Meinungsfreiheit für Andersdenkende. Für die Kommunisten sieht die Sache anders aus: Ihre Herrschaft ist Demokratie, denn sie wird ja im Interesse der Arbeiter und Bauern und aller Werktätigen ausgeübt. Die Macht von Siemens hingegen ist undemokratische Monopolmacht, die im Namen der Demokratie bekämpft werden muß. Jeder Kampf fordert Opfer, und besonders der politische kommt ohne „Märtyrer" nicht aus. Hinz' Absicht, die Siemens AG auf dem SDAJ-Kongreß als Kriegskonzern zu „entlarven", war eine politische Provokation. Als Siemens auf die Provokation antwortete, wurde er zum „Opfer" der antidemokratischen Macht der Monopole, anders gesagt der Herren von Siemens, denn sie herrschen uneingeschränkt in diesem Land, wie Hinz glaubt beweisen zu können.

Der Protestbrief des IG Metall-Funktionärs Heinz Hawreliuk war nur eine der vielen Solidaritätsaktionen, die durch die fristlose Kündigung des DKP-Mitglieds Gerd Hinz in Gang gesetzt wurden. Die DKP versuchte, den Fall politisch zu nutzen. Sie führte das Stichwort „freie Meinungsäußerung" in die Diskussion ein. In einem Protestschreiben an die Siemens AG schrieb Herbert Stiefvater, Stadtrat der DKP in Nürnberg, daß sein Genosse „von dem verfassungsmäßig verbrieften Recht auf offene Meinungsäußerung Gebrauch gemacht" habe. „Es kann nicht hingenommen werden, daß kritische und engagierte Jugendvertreter per Kündigung mundtot gemacht werden sollen."

Hier allerdings stellt sich die Frage, ob die Siemens AG Hinz kündigte, mit Zustimmung des Betriebsrates, weil er sein Recht auf freie Meinungsäußerung wahrgenommen hat. Davon kann doch wohl keine Rede sein. Es ist eine Sache, wenn Hinz über die Rolle der Siemens AG im „Dritten Reich" spricht – ein Thema, mit dem sich auch Historiker in der Bundesrepublik auseinandersetzen –, und es ist eine andere Sache, wenn Hinz bei Siemens ,,betriebliche Friedensinitiativen“ gründet und kommunistische Forschungskontrolle im Unternehmen durchführen will. Wer – wen!

Aber nicht das Pro und Contra um die Ziele der ,,betrieblichen Friedensinitiativen“ bestimmen im Fall Hinz die öffentliche Diskussion. Zur Losung aller Solidaritätsaktionen wird das ,,Recht auf freie Meinungsäußerung“.

V. Der antifaschistische Jugendverband

Die SDAJ tritt in der Öffentlichkeit auch als ein „antifaschistischer Jugendverband" auf. Als Antifaschisten verstanden sich in Deutschland und Europa all jene, die aktiv dem deutschen Nationalsozialismus und dem italienischen Faschismus Widerstand leisteten. In der Zeit nach dem Ersten Weltkrieg gab es in allen europäischen Ländern rechtsextreme antidemokratische Massenbewegungen. Für all diese politischen Kräfte bürgerte sich der Begriff Faschismus ein. Der Grund: 1922 übernahmen die Faschisten, die italienische Spielart dieser europäischen rechtsextremistischen Bewegungen, in Rom die Macht. Sie dienten in Deutschland als Vorbild für die nationalsozialistische Bewegung Adolf Hitlers, die zum Inbegriff faschistischer Diktatur schlechthin geworden ist.

Von Anbeginn zählten die Kommunisten zu den erklärten Feinden jeder faschistischen Bewegung, und in allen Widerstandsbewegungen gegen die Faschisten spielten Kommunisten eine herausragende Rolle. Insofern ist der Anspruch der SDAJ, ein antifaschistischer Jugendverband zu sein, geschichtlich begründet.

Doch was heißt „antifaschistischer Kampf" für die SDAJ heute in der Bundesrepublik?

1. Erinnerung an die Opfer der nationalsozialistischen Diktatur und vor allem an die Widerstandskämpfer.

2. Die Erinnerung an die Befreiung Deutschlands von der nationalsozialistischen Diktatur durch die von der Sowjetunion geführte „Anti-Hitler-Koalition" verpflichtet heute alle Antifaschisten, aktiv die Friedenspolitik der Sowjetunion zu unterstützen. Die Gegner dieses Kampfes sind die USA und die NATO.

3. Die Basis des Faschismus in der Vergangenheit und der Neofaschisten heute ist nach der SDAJ das Monopolkapital. Aus dieser Perspektive gesehen sind die demokratische Staatsordnung der Bundesrepublik und die terroristische Diktatur des Nationalsozialismus nur zwei Herrschaftsformen des Kapitalismus.

4. Der antifaschistische Kampf ist solange nicht zu Ende, wie nicht die Macht des Monopolkapitals zerschlagen wurde, wie es in der DDR vorbildlich geschah.

5. Um dieses Ziel zu erreichen, bedarf es der antifaschistisch ausgerichteten Zusammenarbeit aller Demokraten. Demokraten sind im kommunistischen Sprachgebrauch diejenigen, die nicht nur bereit sind, mit Kommunisten gemeinsame Politik zu machen, sondern die auch gewillt sind, sich dem kommunistischen Führungsanspruch zu beugen.

Aus all dem wird deutlich, der Antifaschismus, wie ihn die SDAJ versteht, ist etwas anderes, als nur die Erinnerung an die Tradition des kommunistischen Widerstands gegen den Nationalsozialismus. Im Klartext: Antifaschismus ist Teil des Kampfes um eine sozialistische Bundesrepublik.

In der antifaschistischen Geschichtspropaganda wird die SDAJ nicht müde, daran zu erinnern, daß an der Spitze der DDR bislang bewährte Antifaschisten standen und in diesem Teil Deutschlands nach 1945 die richtigen Lehren aus der Geschichte gezogen wurden. Den antifaschistischen Kampf führt die SDAJ in der Bundesrepublik vornehmlich mit der ,,Vereinigung der Verfolgten des Naziregimes – Bund der Antifaschisten".

Gerade der Widerstandskampf der Kommunisten gegen die nationalsozialistische Diktatur hat ihnen in der Bundesrepublik trotz alledem, was an diktatorischer Unterdrückung im Namen des Antifaschismus in der DDR und in anderen Staaten des realen Sozialismus geschah, bei vielen Menschen moralischen und politischen Respekt verschafft.

Der Bundespräsident *Richard von Weizsäcker,* erinnerte in seiner Rede anläßlich des 40. Jahrestages der Beendigung des Zweiten Weltkrieges am 8. Mai 1985 mit Recht an diesen Teil kommunistischer Politik: ,,Als Deutsche ehren wir das Andenken der Opfer des deutschen Widestandes, des bürgerlichen, des militärischen und glaubensbegründeten, des Widerstandes in der Arbeiterschaft und bei Gewerkschaften, des Widerstandes der Kommunisten.“

Der Bundespräsident unterstrich zugleich die politische Bedeutung des deutschen Widerstands gegen die nationalsozialistische Diktatur. Hier sei an einen Mann erinnert, der selber zum ,,anderen Deutschland“ gehörte und 10 Jahre in den Gefängnissen und Konzentrationslagern der nationalsozialistischen Diktatur eingesperrt war; es ist *Dr. Kurt Schumacher*, erster Vorsitzender der SPD nach dem Krieg, der 1945 erklärte: ,,Der Sinn der sozialdemokratischen Opfer in der Illegalität ist nur darin zu sehen, daß der Welt damit gezeigt werden sollte, daß nicht alle Deutschen Nazi seien und daß neben dem Nazi-Deutschland auch noch ein anderes Deutschland bestände. Tatsächlich ist dann auch kein Opfer, das die Nazifeinde gebracht haben, ohne Sinn und Zweck geblieben, denn jetzt gibt es wenigstens Menschen in Deutschland, denen die Welt die moralisch-politische Berechtigung nicht abstreiten kann, die Stimme bei der Neugestaltung Deutschlands zu erheben.“ Das ehrende Gedenken an den Mut und die politische Bedeutung des gesamten deutschen Widerstands gegen die Nazi-Diktatur, wie es der Bundespräsident in seiner Rede zum 8. Mai 1945 zum Ausdruck brachte, ist nicht Sache der Kommunisten. Für sie dagegen ist die Geschichte des Widerstandes der Perspektive heutiger politischer Opportunität unterworfen. *Prof. Dr. Robert Havemann* zum Beispiel: Er wurde 1943 vom ,,Volksgerichtshof“ zum Tode verurteilt. Seit 1932 war er Mitglied der KPD und gehörte der Widerstandsgruppe

„Europäische Union“ an, die hauptsächlich deutsche Juden vor dem Holocaust zu retten suchte. Havemann wurde in das Zuchthaus Brandenburg eingeliefert. Als hochqualifizierter Chemiker bekam er „Hinrichtungsaufschub“ und mußte in der Todeszelle für das Heereswaffenamt wissenschaftliche Arbeiten ausführen. Seit 1937 saß als politischer Häftling im Zuchthaus Brandenburg *Erich Honecker*. Er war als illegaler Funktionär des „Kommunistischen Jugendverbandes Deutschland (KJVD)“ 1935 in Berlin von der Gestapo verhaftet und zu 10 Jahren Zuchthaus verurteilt worden. Seit 1971 ist Honecker Generalsekretär der SED und Chef der DDR. Havemann und Honecker waren in Brandenburg politische Häftlinge, beide Kommunisten, beide Antifaschisten. Nach ihrer Befreiung im April 1945 durch die Sowjetarmee beteiligten sich beide am Aufbau des für die Kommunisten neuen und besseren Deutschland. Honecker wurde Chef der FDJ, Havemann Professor an der Berliner Humboldt-Universität und für den „Kulturbund“ Abgeordneter der „Volkskammer“, dem Scheinparlament der DDR. 1964, drei Jahre nach dem Bau der „Berliner Mauer“ forderte Havemann mehr Freiheit in der DDR. Als erstes verlor er seine Professur und wurde aus der SED ausgeschlossen. Havemann widerstand und beharrte unbeirrt auf seinen Forderungen nach sozialistischer Demokratie und politischen Grundrechten für die Bürger der DDR. Havemann wurde jegliche Arbeitsmöglichkeit genommen. Er wurde vom Staatssicherheitsdienst überwacht. Die SED wollte ihm auch seine Rente als „Opfer des Faschismus“ streichen. Doch Havemann war im Westen zu bekannt, die SED wollte diesen öffentlichen Skandal vermeiden, einem von den Nazis zum Tode verurteilten Widerständler diese Rente zu streichen.

Als Havemann vom vorbildlichen Parteigenossen zum oppositionellen Kommunisten wurde, veränderte sich auch sein Platz in der Geschichte des deutschen Widerstands in der DDR. Sein Name wurde gestrichen.

Die „Vereinigung der Verfolgten des Naziregimes" hat 1971 ihre Satzung geändert und sich weiterentwickelt „zum Bund der Antifaschisten, in dem die älteren Widerstandskämpfer mit den jüngeren Antifaschisten zusammenarbeiten." Mit dieser Satzungsänderung von 1971 ist gewährleistet, daß es den „Bund der Antifaschisten" auch künftig geben wird, um in der Bundesrepublik die Wurzeln des Faschismus „auszurotten". Der Antifaschismus dient vor allem der SDAJ, um politische Bündnisse mit den Sozialisten, Gewerkschaftsjugendlichen, Naturfreunden und anderen politisch linksgerichteten Jugendorganisationen zu schmieden. Die Bandbreite solcher Bündnisse, die in der Regel unter der unausgesprochenen Führung der SDAJ zustande kommen, ist vielfältig, sie reicht von Kranzniederlegungen an Mahnmalen für die Opfer nationalsozialistischer Gewaltherrschaft über Protestaktionen gegen Treffen von ehemaligen Angehörigen von Einheiten der Waffen-SS und vor allem gegen Veranstaltungen von rechtsextremistischen Parteien oder Gruppierungen. In den letzten Jahren versuchte die SDAJ, vor allem unter dem Stichwort der Ausländerfeindlichkeit, den antifaschistischen Kampf zu organisieren. Eines ist deutlich geworden: der Antifaschismus der SDAJ ist keine Sache des Gedenkens der Opfer der nationalsozialistischen Diktatur in Deutschland und des Kampfes des deutschen und europäischen Widerstands gegen Hitler. Der Antifaschismus der SDAJ ist Teil des Kampfes um eine sozialistische Bundesrepublik.

VI. Ein Aussteiger berichtet: Die DKP hat keinen Respekt vor der Gewissensentscheidung des Einzelnen

Dezember 1979. Weihnachten. Die Sowjetunion marschiert in Afghanistan ein. Ersten Meldungen zufolge hat die Sowjetunion seit dem 25. Dezember über eine Luftbrücke zahlreiche Soldaten und Militärgerät nach Kabul eingeflogen. Im Abstand von eineinhalb Minuten landen Antonov-Großraumtransporter, rollen zur Nordwestecke des Flugplatzes, laden blitzschnell Truppen und leichte Schützenpanzer aus, um sofort wieder zu starten. Bis zum 26. Dezember sollen etwa 4 000 Soldaten auf dem Zivilflughafen Kabuls eingetroffen sein. Stunde um Stunde rollen immer mehr sowjetische Konvois auf der Autobahn von der Grenze bei Termez Richtung Kabul. 27. Dezember: Der kommunistische Präsident des Landes Amin Haizullah wird mit seiner Familie während eines Staatsputsches gestürzt, und wie aus Moskau bekanntgegeben, „wegen Verbrechen gegen das afghanische Volk“ hingerichtet. 28. Dezember: Die Sowjetunion bestätigt den Einmarsch in Afghanistan. Es heißt, sie sei von dem neuen Kommunistenführer Babarak Kamal zu Hilfe gerufen worden, um das gerade etablierte Regime zu unterstützen. Bereits am Vortag hatten die Sowjetarmisten bis zum Abend Kabul unter Kontrolle. Eine Woche nach dem Überfall: Mehr als 40 000 Sowjetsoldaten haben Afghanistan besetzt, die Fluchtwege ins Ausland blockiert, die Widerstandsnester in den Städten ausgeschaltet. Aber die moslemischen Aufständischen geben nicht auf. Schon seit der Revolution im Jahre 1978 kämpfen sie gegen das marxistische Regime in Kabul.

Während der Westen den Einmarsch der Sowjetunion aufs Schärfste verurteilt, hat die SDAJ in der Bundesrepublik andere Sorgen. Wie soll sie den Schülern die politische Sachlage in Afghanistan erklären? Anfang Januar 1980. In einem Vorort von Bremen. Noch sind Schulferien. Bei Stefan ist Gruppensitzung. Stefan, 18 Jahre alt, seit drei Jahren Mitglied der SDAJ und seit eineinhalb Jahren Gruppenleiter, hat vor wenigen Stunden vom Bundesvorstand der SDAJ ein sogenanntes Argumentationspapier ins Haus geschickt bekommen. Er soll die Genossen aufklären. Auch sein Bruder Florian, damals 16, ist seit knapp einem Jahr unter den SDAJlern, sitzt dabei, gespannt auf das, was sein Bruder zu sagen hat. Der packt aus: „Also hört mal, Genossen, es geht um die Fakten. Wir müssen den Leuten in der Schule klarmachen, daß in Afghanistan kein Krieg herrscht. Die reaktionären Kräfte in der BRD haben in ihrer Presse mal wieder Lügenmärchen über Afghanistan verzapft. Typisch! Ich lege euch jetzt Thesen vor, mit denen ihr die Schüler von der Friedfertigkeit der Sowjetunion überzeugen könnt. Die Regierung in Kabul hat die Sowjetunion zu Hilfe gerufen. Warum? Seit der großen Revolution des afghanischen Volkes im April 1978, als das reaktionäre Regime unter Daud Khan gestürzt wurde und die kommunistische demokratische Volkspartei nach dem Willen des Volkes die Macht im Lande übernahm, haben die US-Imperialisten samt ihrer CIA-Vasallen gemeinsam mit den konterrevolutionären Kräften und den Großgrundbesitzern Afghanistans versucht, die alten Ausbeutungsverhältnisse wiederherzustellen. Amin, seit September letzten Jahres Präsident Afghanistans, hat sich als Despot aufgespielt, revolutionäre Patrioten ermordet, Parteifunktionäre eingekerkert und sich als ein Agent des amerikanischen Imperialismus entlarvt. Die Hinrichtung geschieht ihm recht. Dabei müßt ihr wissen, daß Afghanistan mit der Sowjetunion am 5. Dezember 1978 einen Freundschaftsvertrag unterzeichnet hat. Die Sowjetunion ist jetzt dazu verpflichtet, das revolutionäre Afghanistan militärisch, wirtschaftlich und politisch zu verteidigen, gegen Angriffe von außen zu schützen und dafür zu sorgen, daß Freiheit, Selbstbestimmungsrechte und der Frieden im Lande erhalten bleiben.“

Stefan hat sein Kurzreferat beendet, seinen Auftrag erfüllt. Sollte er doch den Genossen die „Wahrheit“ über Afghanistan deutlich machen. Das allerdings bedurfte kaum der Mühe, denn alle waren sich darüber einig, daß die Sowjetunion als „Friedensmacht“ das afghanische Volk tatkräftig unterstützen müsse. Damit war das Thema abgehakt. Von den Toten kein Wort.

Wieder einige Tage später. In der Schule soll während einer aktuellen Stunde im Gemeinschaftskundeunterricht über Afghanistan diskutiert werden. Florian hockt auf der Toilette, auf seinen Knien das Argumentationspapier. Immer wieder liest er es durch. Noch fünf Minuten, dann ist die Pause zu Ende. Er geht ins Klassenzimmer, meldet sich bald zu Wort und trägt selbstbewußt das „auswendig Gelernte“ vor. Die Reaktionen waren niederschmetternd.

Florian heute: „Die haben mich allesamt zerfetzt. Ob ich völlig übergeschnappt sei. Ich erinnere mich noch an die Worte meines Lehrers. Der fragte mich echt wütend, wo ich diese Phrasen her hätte. In Afghanistan tobten blutige Kämpfe, zigtausend Soldaten seien dort einmarschiert, und ich würde die Sowjetunion mit Lobeshymnen überschütten. Es gebe keinen objektiven Grund, der den militärischen Überfall rechtfertige. Knallrot murmelte ich irgendein Zeug, schnappte nach einer Zigarette und verließ die Klasse.“

Seitdem sind mehr als sieben Jahre vergangen. Fast vier Jahre war Florian bei den SDAJlern, also bis Mitte 1982. Heute lebt er in Köln, eine Tischlerlehre hat er hinter sich, seit einigen Jahren studiert er Architektur. Die Sache mit Afghanistan hätte ihn damals wirklich ,,einen Dreck" interessiert. Er habe die Thesen ,,eingepaukt", um mit seinem Wissen zu glänzen. Vor allem nach dem Desaster in der Schule wollte er von Afghanistan zunächst nichts mehr hören. Damals ging es um wichtigere Dinge . . .

,,Warum bist du in die SDAJ eingetreten?"

,,Mehrere Gründe spielten eine Rolle. Einerseits bin ich da hineingerutscht, so nach dem Lustprinzip. Meine Freunde waren da, mein Bruder, ein paar Ältere, die bewunderte ich aufgrund ihres Engagements. Es war irgendwie schick, in einer Organisation mitzuwirken. Tja, die SDAJ setzte sich wirklich für die Interessen der Schüler ein. Total angesehen waren die unter der Schülerschaft. Ist doch logisch, daß viele Jugendliche da mitmachen wollen. Besonders, wenn man auf der Suche nach Freunden noch unsicher ist, mehr darstellen möchte, eine Clique sucht, die Ideen hat."

,,Auf welche Weise hat sich die SDAJ für die Schüler stark gemacht?"

,,Ganz simple Sachen. Damals, also Ende der 70er, beschäftigten uns Schulprobleme. Wir wollten eine Raucherecke oder eine Teestube, damit man in den Pausen nicht sinnlos herumhängt. Dann Probleme mit den Lehrern. Da ist der Stoff schier unerschöpflich, und er wird tagtäglich immer wieder produziert. Entweder waren die uns zu autoritär, verteilten ungerechte Zensuren oder ließen uns zu wenig diskutieren – jedenfalls empfanden wir das so. Die SDAJ suchte immer die Diskussion oder besser gesagt die Konfrontation. Wir stellten Wandzeitungen her, entwarfen Flugblätter, organisierten provokative Sketche, alles mögliche. Wir waren eben eine aktive Gruppe, der harte Kern bestand aus zwölf Leuten."

„Gab es an eurer Schule denn keine andere Schülerorganisation, die die Interessen der Schüler vertrat?

„Klar doch! Zum Beispiel die AKS, ein rechter Verein. Aktion Kritischer Schüler. Ein schlechter Witz, von wegen kritisch, immer ordentlich, diese pickelgesichtigen Kofferträger der Pauker, und dabei total schulkonform, lehrerkonform, für die meisten ein langweiliger Haufen. Vielleicht auch zu klein, um Schülerinteressen wirksam durchzusetzen."

„Hast du dich schon mit 15 mit den Programmen und Zielen der SDAJ auseinandergesetzt?"

„Nein, das kam erst anderthalb Jahre später. Mit 15 denkt man nicht soviel nach. Einiges wußte ich, so, daß die SDAJ die Jugendorganisation der DKP ist, daß sie sich als Organisation der arbeitenden Jugend versteht und daß Marx und Lenin die großen Vorbilder sind. Mehr nicht. Wie gesagt, ich war noch kein tragender Teil der Gruppe, sondern eher Mitläufer, Mitmacher . . . Eigentlich ein schwarzes Kapitel in meinem Leben. Wir trafen uns fast täglich in dem Jugendfreizeitheim der SDAJ. Das machte Spaß. Von Fotokursen über Filmabende, Töpfern, bis hin zu Computerkursen, alles wurde angeboten. Selbst eine Motorradgruppe bekennt sich zur SDAJ. Abends Disco – einfach der satte Konsum. Die Freizeitgestaltung ist eine Art Motivationsinstrument. Die ständigen Feten – man denke nur an die Pfingstcamps, das Maizelt oder das sogenannte Festival der Jugend. Was da an Geld hineingepumpt wird! Da kommen die Leute hin, fressen und saufen, hauen sich den Krimsekt rein, mampfen Kaviar, hören gute Rockgruppen wie beispielsweise Floh de Cologne, die gemeinsamen Aktionen, der Spaß unter den Leuten, wem würde das nicht gefallen! Also, um es mal deutlich zu sagen, daß die Leute eintreten, den Wisch unterschreiben, ist überhaupt kein Problem. Daß sie dabeibleiben, politisch aktiv werden, da hapert's."

„Wie ging das bei dir weiter, wann hast du dich politisch engagiert?"

„Irgendwann reichte mir der Konsumtrip nicht mehr. Sicher auch durch den Einfluß meines Bruders bedingt, nahm ich dann, da war ich noch 16, an Fortbildungsveranstaltungen teil. In dem Jugendzentrum gab's so ein paar echt Superaktive. Manchmal tauchten da Genossen von der DKP auf, dann Studenten vom MSB-Spartakus, na, und sowieso, viele Lehrlinge natürlich. Gemeinsam organisierten wir Bildungsabende. Einige referierten über Themen wie ‚Was ist Klassenkampf?' oder ‚Wo führt die Ausbeutung hin, wer ist verantwortlich für Kriege, wie entwickelt sich Klassenbewußtsein?' usw. Zugegeben, der Marxismus-Leninismus hatte mich fasziniert. Eine gerechtere Welt, Arbeit für alle, keine Bildungsprivilegien für eine kleine Schicht, nicht nur wenige Kapitalisten, die das Sagen haben, und der Rest, der abhängig ist, sich anpassen muß, diese Ideen beschäftigten mich. Nun muß man sich vorstellen, daß bei diesen Treffen im Jugendzentrum auch junge Arbeitslose waren. Leute, die werweißwieoft Bewerbungen geschrieben hatten und keine Lehrstelle fanden. Als junger Mensch kann man an solchen

Realitäten verzweifeln – und dann stellt sich die Frage, was bietet diese Gesellschaft Heranwachsenden, Jugendlichen, die vielleicht in eine ungewisse Zukunft gehen? Ich erinnere mich noch, da gab's so Diskussionen. Angenommen, ein Typ hängt in der Kneipe, frustriert, ohne Lehrstelle, betrinkt sich, was rät ein SDAJler ihm, ganz einfach – ey Kumpel, warum besäufst du dich, laß dich doch nicht hängen, das bringt nichts, willst du dich von dieser kapitalistischen Gesellschaft kaputtmachen lassen? Du mußt deine Situation begreifen, es ist der Kapitalismus, der dir keine Chance gibt. Anfangs klingt das alles sehr plausibel. Auch ich war überzeugt davon, nachdem ich mich immer mehr mit dem Kommunismus auseinandersetzte, daß eine Gesellschaft ohne privates Eigentum an den Produktionsmitteln, ohne Profitinteressen der Monopole, ohne Ausbeutung, wie es so schön heißt, Gerechtigkeit für alle schafft, die Bedürfnisse des gesamten Volkes befriedigt. Im Alter von 15 oder 16, da war der Kommunismus für mich eine reine Glaubensfrage. Und auf dem Weg dahin mußte folglich der Sozialismus die Alternative zum Kapitalismus sein. Das war damals mein Bewußtseinszustand. Okay, also habe ich mir gesagt, wenn ich die Situation ändern will, dann muß ich auch dafür kämpfen. Mein Bruder hatte in der SDAJ inzwischen einen kleinen Karrieresprung gemacht, der arbeitete beim Kreisvorstand. Meine Freunde wählten mich zum Gruppenleiter, so Mitte 1980, ging ganz locker ab . . . Und in dieser Position wurden Aufgaben, Pflichtübungen an mich gestellt."

„Welche Aufgaben hat ein Gruppenleiter?"

„Da muß man differenzieren. Einmal in der Woche, meistens freitags, tagten die Gruppenleiter. Die SDAJ besteht ja zum größten Teil aus Betriebs- und Stadtteilgruppen, und während dieser Treffen saßen dann von jeder Gruppe der Häuptling und der Kassierer an einem großen Tisch herum, am Kopfende der Kreisvorsitzende, der erklärte, was Sache ist. Da wurde die laufende Arbeit besprochen, Aktionen geplant, z.B. wenn neue Mitglieder geworben werden sollten, wurde angeordnet – von oben –, mal wieder einen sozialistischen Wettbewerb in Szene zu setzen. Erinnern kann ich mich an den Karl Liebknecht-Wettbewerb. Da werden die Leute ganz schön unter Druck gesetzt. So 'ne Art Kleinkampf unter den Gruppen. Das läuft so ab: Für eine verkaufte ‚Elan' (das Jugendmagazin der SDAJ) gibt es einen Punkt, für ein verkauftes Jahresabo 12 Punkte, für ein neugewonnenes Mitglied 50 Punkte und für ein abgerechnetes Kassenbuch 20 Punkte. Wer die meisten Punkte bringt, hat gewonnen. Ich mußte dabei meine Gruppe natürlich anheuern, sie laufend motivieren. Na, und den Siegern winkt ein netter Preis, die sozialistische Traumreise – drei Wochen Kuba, eine Woche Zuckerrohrschneiden, zwei Wochen davon faul am Strand rumliegen, oder zwei Wochen Moskau, Kreml anschauen, ansonsten hoch die Gläser, Wodka und Krimsekt saufen, ist doch geil. Welch besondere Auszeichnung! Ganz bestimmt für den Arbeiterjugendlichen. . . . Diese Wettbewerbe sind ja keine Konkurrenz, sondern sozialistische Wettbewerbe. – Alles blanker Schaum. – Das Sozialistische daran bedeutet in der Theorie, daß man sich gegenseitig hilft. Also, daß beispielsweise Gruppe A der Gruppe B die Vervielfältigungsmaschine zur Verfügung stellt. Für ein Flugblatt gibt es immerhin 10 Punkte. Der Wettbewerb läuft über vier bis sechs Wochen. In dieser Zeit verdoppelt sich die Anzahl der Kreisvorstandssitzungen. Fortlaufend mußten wir Rechenschaft darüber ablegen, wieviel neue Mitglieder gewonnen werden konnten. Immer galt die Devise, erstmal Leute an Land ziehen, um Punkte einzuheimsen, und dann mal schauen, wer sich für die Gruppenarbeit eignet. Merkwürdigerweise waren es meistens der Gruppenleiter und sein Kassierer, die ins Ausland jetteten. Überhaupt stanken mir diese Wettbewerbe. Ewig das Gegeifer nach neuen Mitgliedern. . . . Aber das wurde mir erst später bewußt. Man könnte dies als verbandsinterne Aufgabe bezeichnen.

Nehmen wir einen anderen Schwerpunkt. Unterschriftensammeln, zum Beispiel für den Krefelder Appell, ein Streß ohnegleichen. Im Westen debattierten die Leute über die Nachrüstung, den Nato-Doppelbeschluß, und wir sollten zu dessen Verhinderung wie verrückt Unterschriften sammeln. Die Nato-Nachrüstung wurde von der SDAJ als Vorrüstung proklamiert, denn Rüstung, Militarismus allgemein, gibt's ja für die im Osten bekanntlich nicht. Diese Kampagne war perfekt organisiert. Jeder Einzelne, also der Kreisvorsitzende zu den Gruppenleitern, der Gruppenleiter zu den Gruppenmitgliedern waren angehalten, Unterschriften zu sammeln. Jede Woche während der Sitzung wurde darüber diskutiert, wo man noch Unterschriften herkriegen könnte, ob in der Schule, an Ständen, in der Stadt vor den Betrieben, überall. Übrigens, diese Aktion war kein gruppeninterner Vorschlag, das Diktat kam von oben, vom Bundesvorstand der SDAJ. Damals kümmerte uns das wenig. An unserer Schule gingen wir sogar daran, Klassenzimmer als atomwaffenfrei zu erklären. Wenn ich mir das so überlege, ich habe mich für den Krefelder Appell sehr engagiert. Wir waren alle gegen die Stationierung von Pershing und Cruise Missiles. Unterschriften den Leuten abzuluchsen, gar kein Problem. Ist doch klar, dieser ständige Rüstungswettlauf, die Anhäufung von mehr und mehr Atomwaffen, dann das Gerede der Politiker von wegen Entspannung und Frieden – viele Jugendliche hatten Angst vor einem möglichen Kernwaffenkrieg. Die SDAJ plante eine Friedensdemo nach der anderen, das stärkte die Solidarität, das Gemeinschaftsgefühl unter den Leuten."

„Was hast du als SDAJler damals unter Frieden verstanden?"

„Für einen SDAJler gibt es nur die eine Frage. Krieg oder Frieden, Sozialismus oder Barbarei. Das ist nichts anderes als Schwarzweißmalerei. Aber wer sich wie ich damals zur Ideologie des Marxismus-Leninismus bekennt, der ist überzeugt davon, daß es Frieden in einem kapitalistischen Land nicht geben kann. Die Argumente kannten wir auswendig: Arbeitslosigkeit, Armut, Lehrstellenknappheit usw. Im Sozialismus, konkret in der DDR und in der Sowjetunion, seien Kriege unmöglich, weil man die Ursachen, nämlich die Macht des Großkapitals und die Ausbeutung beseitigt hätte. Ich habe daran geglaubt, daß die Sowjetunion Frieden will. Darum habe ich auch den Krefelder Appell und die Abrüstungsvorschläge der Sowjetunion unterstützt. Die bereits Ende der 70er Jahre aufgestellten SS-20 in Osteuropa waren für die SDAJ gar kein Thema, da hieß es immer, schon wieder so eine Bedrohungslüge westlicher Rüstungsgiganten. Ich war damals so auf Linie, daß ich die Rüstungsmaschinerie des Ostens gar nicht gesehen habe. Man hatte uns ja praktisch eingebleut, daß der Militarismus in den sozialistischen Staaten ausgerottet sei. In der DDR allerdings machte ich ganz andere Erfahrungen."

„Was waren das für Reisen in die DDR?"

„Sozialismus live. Wird schwer für geworben. Da gibt es verschiedene Fahrten. Zum Beispiel mit der Kindergruppe

‚Junge Pioniere‘ (das ist die Kinderorganisation der DKP) an den Müggelsee zum Zeltlager. Viele haben solche Fahrten mitgemacht, weil dieser Urlaub besonders billig ist. Na, und dann die sogenannten Informationsreisen. Dreimal war ich mit dabei. Einmal standen Betriebsbesichtigungen auf dem Programm, eine Landwirtschaftliche Produktionsgenossenschaft, ein Betrieb zur Herstellung von Konservendosen, lauter so'n Zeug. Nachdem wir vor Ort das alles angeschaut hatten, saßen wir später mit der Betriebsführung und mit den Gewerkschaftsvertretern des Betriebs zusammen, diskutierten bei Cola und Keksen, durften Fragen stellen. Wundert mich noch im Nachhinein, die Leute waren sehr offen und haben keinen Hehl aus den wirtschaftlichen Problemen gemacht. Eigentlich hatten die es auch nicht nötig, denn in unserer SDAJ-Gruppe waren die meisten Anti-Bundesrepublik und pro real existierenden Sozialismus eingestellt. Warum also dann Theater spielen! . . . Abends sind wir mal in einer Kleinstadt-Disco gelandet. Mehrere Stunden sprach ich dort mit einem FDJler, der unbedingt flüchten wollte. Er fühle sich unfrei, ständig vom Staat bevormundet, eingeengt – der machte einen todunglücklichen Eindruck. Mit dem Staatsjugendverband FDJ hatten wir uns nie auseinandergesetzt. Erst später, als ich älter wurde, hat mir ein Freund in der DDR mal erzählt, daß die meisten Jugendlichen in der FDJ nur ihre Pflichtstunden ableisten, um keine beruflichen Nachteile zu riskieren. Das war schon merkwürdig. Als ich den Typ fragte, was er im Westen machen würde, sagte der, eine Bäckerlehre, und dann Millionär werden. Ganz schön naiv, aber er bat mich noch darum, bloß mit keinem darüber zu reden.

Ein Jahr später, 1982 war das wohl, da besuchten wir mit 15 SDAJlern wieder die DDR. Diesmal sollten uns Schulen vorgeführt werden. Der totale Reinfall. Vor einer Schule standen in Reih und Glied 20 Schüler, die marschierten im

Gleichschritt über den Schulhof. Auf unsere Frage, was dieses Spektakel zu bedeuten habe, sagte man uns, daß die zum nahegelegenen Gelände von der Nationalen Volksarmee gehen, um dort an den Waffen zu üben. Schießübungen für 16jährige – das fanden wir echt zum Kotzen. Übrigens, kein Einzelfall. Mit Erstaunen betrachteten wir auch die Schulgänge. Überall an den Wänden waren Zeichnungen. Patrouillierende Soldaten der NVA, daneben die Kampftruppen der DDR mit brutalen Visagen. Dann auf einem anderen Bild ein Soldat mit zig Orden an seiner Uniform, das Gewehr lässig über die Schulter gelegt, streichelte der das Köpfchen eines kleinen Mädchens, das ihn mit leuchtenden Augen anschaute. . . . Gräßlich. So etwas hatte ich in der Bundesrepublik noch nirgendwo gesehen.

Nachmittags fetzten wir uns mit dem Schulleiter, doch der stammelte nur irgendeinen dummdreisten Kram. Selbst die vier harten Ideologen aus der SDAJ-Gruppe argumentierten flach und primitiv. Der Wehrkundeunterricht sei notwendig aufgrund der imperialistischen Bedrohung. Es sei ja schade, räumten die ein, daß das so früh losgehe, aber der Sozialismus müsse sich vor dem aggressiven Westen schützen. Eine hohle Scheiße, wirklich. Um das Ganze noch zu bekräftigen, zeigte man uns Landkarten. Der Ostblock als ein zusammengeschlossenes Gebilde und rundherum die Bedrohung durch die Nato-Basen. Umgekehrt lassen sich wahrscheinlich nicht so schöne Landkarten zeichnen, denn Amerika und Europa trennt der Atlantik. Angesichts der ständig proklamierten imperialistischen Bedrohung wurden manche unter uns ganz ruhig, wagten nicht, den Mund aufzumachen. Mir gefiel das alles gar nicht. Diese Reise war ein echtes Schlüsselerlebnis. Die NVA-Soldaten, die einem auf allen Straßen begegnen. Die russische Armee, die mit ihren Panzern in irgendeinem Kaff über die Landstraßen brackerte – klar, das ist die Bruderhilfe, was sonst. Trotzdem störte mich das."

„Welche Ziele verfolgt die SDAJ mit ihren Reisen in die DDR?"

„Die Jugendlichen sollen davon überzeugt werden, daß die DDR der bessere deutsche Staat ist. So nach dem Motto, hier hat jeder das Recht auf Arbeit, das Recht auf Bildung, freie Meinungsäußerung gehört mit Sicherheit nicht dazu. Aber das war für uns als SDAJler damals weniger wichtig. Manchmal, so glaubte ich, wurde uns ein ausgewähltes Publikum vorgesetzt, das mit allen erdenklichen Mitteln versuchte, uns die Vorteile des sozialistischen Systems deutlich zu machen. Letzten Endes dient eine solche Politik der Motivationssteigerung. Die Leute fahren zurück, erzählen den Kumpels im Betrieb oder den Mitschülern, also die Jugendlichen in der DDR haben viel mehr Rechte als die Jugend hier, da gibt es keine Arbeitslosigkeit, oder wißt ihr eigentlich, daß die Arbeiter umsonst mit der Gewerkschaft einmal im Jahr an die See fahren dürfen? Was soll's denn, ob man nun als Westler nach Frankreich oder Italien fährt oder als DDR-Bürger nach Ungarn, Polen oder zum Roten Meer. Ist doch auch ganz schön. Sieh' mal, du möchtest auf die Bahamas fliegen, okay, du darfst, aber du kannst es nicht, weil du kein Geld hast. Das große Reisen bleibt hier doch nur den Reichen vorbehalten.

Solche Sprüche wiederholten sich ständig. Manch einem Arbeiter mag das imponieren. Der fühlt sich geradezu herausgefordert, noch mehr als zuvor den Klassenkampf oder, wie die Kommunisten es nennen, den Friedenskampf voranzutreiben. Das wird auch dadurch forciert, wenn z.B. FDJler oder Komsomolzen aus der Sowjetunion in die Bundesrepublik reisen und sich über ihren ‚erfolgreichen' Sozialismus auslassen. Andererseits waren viele über die Realitäten in der DDR enttäuscht. Angefangen bei den unzähligen Bannern, die vor allen Betrieben hängen, quer über die Straßen gespannt einen permanent anglotzen. Ich erinnere mich noch, ‚Mein Arbeitsplatz ist mein Kampfplatz für den Frieden' oder ‚Je stärker der Sozialismus, desto sicherer der Frieden'. Immer dasselbe. Haben die das nötig, fragten viele in der Gruppe. So ein Schwachsinn. Manche, auch ich, spürten die immer präsente Unfreiheit. Warum durften die Menschen in der DDR nicht frei darüber entscheiden, wo sie leben wollen. Eine Frage, die immerzu in unseren Köpfen spukte, aber zu oft verdrängt wurde. Sicher haben sich viele von uns ebenso darüber gewundert, warum die DDR-Leute vor den Läden Schlange stehen müssen, die Schaufenster so karg und langweilig aussehen, auf den Straßen kaum Autos herumfahren, das Leben dort allgemein dem Beobachter so trist erscheint.

Aber wie in allen etwas kritischen Punkten gibt es auch dafür eine ideologische Erklärung. Nämlich, daß der Kapitalismus eine Gesellschaftsform ist, die unheimlich schnell sich überschlagend und rotierend materielle Güter schafft und dann am Ende in sich zusammenbricht, hingegen der Sozialismus zwar langsam, aber stetig und progressiv sich fortentwickelt und eines Tages, vielleicht im Jahr 2 000, den Kapitalismus, auch was den Konsum angeht, überholen wird. Ohne Zweifel habe der Sozialismus auch seine Macken. Diese merkwürdigen Banner, so erklärte man uns, sollten die Arbeiter und Bauern in der DDR zur Leistung anspornen. Jetzt gelte eben noch das Leistungsprinzip. Der Idealzustand, wonach jeder das haben soll, was er will, sei noch nicht in Sicht. Erst, wenn der Sozialismus sich weltweit durchgesetzt habe, würde dieses Ziel für alle Menschen erreichbar sein. Reines Gewäsch!"

„Wurde während der Gruppensitzungen auch über die DDR diskutiert?"

„Eher selten. Da mußte schon einer an der Mauer erschossen worden sein. Folgende Szenerie: Betriebsgruppenmitglied Meier fragt den Gruppenvorsitzenden, ey, sag' mal, Scheiße, alle Kumpel machen mich an. Ist ja schon wieder einer abgeknallt worden. Warum können die nicht mal aufhören damit? Und nun die Antwort des Gruppenvorsitzenden, der ruckizucki bei so einem aktuellen Fall bereits vom Bundesvorstand ein Argumentationspapier zur Hand hat. Also, Genosse, das ist ein Einzelfall, es gibt keinen Schießbefehl, aber dieser Mensch war nicht reif für den Sozialismus. Er hat seine Ausbildung im Sozialismus genossen und will jetzt sein persönliches Geld im Westen verdienen. Das muß doch verhindert werden. Ende der Diskussion. Die Zusammenkünfte haben schließlich mit einem Literaten- oder Intellektuellenzirkel nichts gemein. Man kann davon ausgehen, daß die Todesschüsse am sogenannten antifaschistischen Schutzwall von der SDAJ wie von der DKP legitimiert werden. Eine tiefere Auseinandersetzung darüber würde niemals stattfinden. Weder über Afghanistan noch über den Arbeiteraufstand in Polen, weder über die politischen Gefangenen in der DDR noch über die Boat People, die Vietnam-Flüchtlinge, alles kein Thema. Polen zum Beispiel – wie nannte man das – Normalisierung der Verhältnisse! Die Sowjetunion müsse der polnischen Regierung mit ihren Panzern Hilfe leisten, um die konterrevolutionären Arbeiter zum Schweigen zu bringen. Die probten den Aufstand, wollten den Staat stürzen. Und wer war Lech Walesa?! Ein Agent des amerikanischen Imperialismus, finanziell unterstützt vom amerikanischen CIA! So etwa lauteten die Thesen des Argumentationspapiers. Null Solidarität mit Solidarność. Was waren ihre Forderungen? Bessere Arbeitsbedingungen bis hin zur Einhaltung der Menschenrechte. Die SDAJ würde nicht einen Gedanken daran verschwenden, die inneren Konflikte unter der polnischen Arbeiterschaft für sich betrachtet einmal zu analysieren."

„Wie versuchen denn die SDAJ-Ideologen, solche brisanten Themen zu umgehen?"

„Na, wie gesagt, da sitzen Arbeiter und Schüler zusammen, wollen, daß ihre Schul- und Arbeitsprobleme gelöst werden. Da spielt die internationale Politik zunächst keine große Rolle. Man muß auch unterscheiden zwischen Nahzielen und Fernzielen. Die Situation des Einzelnen ist immer konkret. Hat er eine Lehrstelle oder nicht? Wird er nach der Lehre übernommen oder nicht? Wie kann einem arbeitslosen Jugendlichen geholfen werden? All das sind Fragen, die den Nahzielen zugeordnet werden können. Der Bundeskanzler stellt sich dahin und verspricht jedem Jugendlichen eine Lehrstelle. Selbst wenn angenommen von 100 % 85 % eine Lehrstelle bekommen, bleiben immer noch 15 %, die leer ausgehen, und da hakt die SDAJ ein. Nebenbei gesagt, fast jeder aktive SDAJler hat eine Lehrstelle. Kann ich mir auch keinen Reim drauf bilden. In allen Sitzungen geht es zunächst darum, Mißstände beim Namen zu nennen und dann Aktionen zu planen, gegen die Unternehmer, die nach der kommunistischen Ideologie freiwillig nie eine Lehrstelle rausrücken, weil sie ihnen zuviel Geld kostet, er also lieber einen Hiwi für sich arbeiten läßt.

Positive Entwicklungen in der Wirtschaft werden von der SDAJ nicht registriert, warum auch. Sie kämpfen für eine sozialistische Bundesrepublik. Von daher bleibt ihr Hauptbetätigungsfeld Betriebsgruppen und Gewerkschaften. Da gilt es, die Leute zu mobilisieren, anzufeuern, für ihr Recht auf Arbeit zu kämpfen, sich von den Unternehmern nicht ausbeuten zu lassen. Wer diesen Staat mit seiner Wohlstandsgesellschaft, mit seiner freiheitlich-demokratischen Grundordnung von Grund auf ablehnt, findet doch immer Angriffspunkte. Ob es Lehrstellenmangel oder Jugendarbeitslosigkeit ist, der SDAJ werden wohl kaum die Argumente ausgehen. Über das Fernziel aber, den sozialistischen Staat, so wie er in der Sowjetunion und in der DDR existiert, denken die wenigsten nach. Daß dort nur die Partei das Sagen hat, es keinen Pluralismus gibt, keine unabhängigen Gewerkschaften agieren, Individualismus nicht akzeptiert wird, unabhängige Friedensbewegte, die gegen Kriegsspielzeug demonstrieren oder sich für einen zivilen Wehrersatzdienst engagieren, womöglich aufgrund ihrer Aktivitäten im Knast landen – diese Dinge beschäftigen das normale SDAJ-Mitglied nicht die Spur. Manchmal, im Freundeskreis, da gab es einzelne Diskussionen über die unabhängige Friedensbewegung. Ich kann mir gut vorstellen, daß jeder Landesvorsitzende und jeder Kreisvorsitzende während der Berichterstattung darüber kochend vor der Glotze saß und ‚Scheiße' in sich hineinmurmelte. Trotzdem, sollte das Thema mal zur Sprache kommen, dann war das wie mit allen Problemen im real existierenden Sozialismus; die Verbandsmeinung kann man schlicht auf ein ‚Ja, aber . . .' reduzieren. Und schwuppdiwupp ist man wieder beim Katastrophenstaat BRD. Stramme SDAJler lehnen es überhaupt ab, die sogenannte bürgerliche Presse zu lesen, weil da sowieso nur dummes Zeug, haufenweise Lügen aufgetischt werden, vor allem über die politischen Realitäten in der DDR."

„Was ist die wichtigste Info-Quelle eines SDAJlers?“

„‚Elan‘ natürlich. Die Schreiberlinge arbeiten mit Methoden, die fast schlimmer als die der Bild-Zeitung sind. Ein Bild, an das ich mich erinnern kann, eine Doppelseite, darauf abgelichtet Mitglieder des Bundeskabinetts, denen alle zwei lange Zähne aus dem Mund hängen, darunter die krönende Unterschrift: ‚Die Dracula-Kompanie‘. Noch ein paar Zeilen Text, schön primitiv formuliert, damit auch der Dümmste kapiert, welche Politik vertreten wird, in welche Richtung es gehen soll. Das Blatt betreibt die reinste Polemik, die glauben, sie hätten die Wahrheit gepachtet. Null Information. Wenn ich mir das so überlege, wir, also unsere Schülergruppe und ich als Gruppenleiter, weigerten uns, diesen Quatsch zu verkaufen. Das Blatt ist ja für Arbeiterjugendliche geschrieben, doch selbst die, zum Teil jedenfalls, konnten mit dieser Einseitigkeit nichts anfangen. Das war ein Generve, andauernd diese Diskussionen. Ich habe auch auf der Gruppenleiter-Beratung bekanntgegeben, wir wollen diesen Schwachsinn nicht mehr verkaufen. Das ist ein Ding der Unmöglichkeit, da wurde stundenlang debattiert, erst mit dem einen Kreisvorsitzenden, dann mit den stellvertretenden Kreisvorsitzenden, ein paar Tage später meinte der Landesvorsitzende, er müsse auch noch seinen Sermon dazugeben. . . . Die Diskussion nahm kein Ende.“

„Wie haben die versucht, euch klarzumachen, wie wichtig es ist, diese Zeitung zu verkaufen?“

„Zwei Argumente sind maßgebend. Erstens, ‚Elan‘ ist die Zeitung der SDAJ, ihre Politik muß vertreten werden, und für einen SDAJler ist das selbstverständlich Pflicht. Das andere Argument, ‚Elan‘ ist schwer zu verkaufen – kein

Wunder –, hat eine geringe Auflage, muß um seine Existenz kämpfen und braucht deshalb jede Mark. Was mich damals schon sauer machte, die Zeitung wird nicht von jungen Leuten geschrieben, sondern von alt eingesessenen DKP-Ideologen. Und dann diese getürkten Leserbriefe. So, wie ich den Verband kennengelernt habe, kann ich mir durchaus vorstellen, daß einzelne Gruppen in ihrem Arbeitsprogramm die Aufgabe hatten, einmal im Monat einen Leserbrief an die ‚Elan' zu schreiben, meinetwegen lief irgendeine Fete zuvor, und dann die Sprüche, ‚das war wieder mal ganz ausgezeichnet', auch mal kritisch, ‚das hat mir gefehlt', aber im großen und ganzen war alles affengeil. Das Blatt kommt ja direkt aus Dortmund, da wird die Politik festgeschrieben. . . . Immer wieder, fast ein halbes Jahr, haben die mit mir geredet. Da spürte ich so langsam, wie straff dieser Verband von oben nach unten organisiert ist. Klar, das ist der demokratische Zentralismus. Das wird einem aber erst bewußt, wenn man versucht auszuscheren, seine eigene Meinung durchsetzen möchte. . . . Diese nicht enden wollenden Versuche, mich auf Linie zu bringen. Ein Grund von vielen, warum ich raus wollte."

„Gab es auch andere, die aufgrund solcher Erfahrungen irgendwann keine Lust mehr hatten?"

„Logisch, diese penetranten Wettbewerbe, oder die ‚Elan'-Geschichte, die den Leuten zum Halse raushing. Am schlimmsten fanden wir diese sogenannten Argumentationshilfen. Nicht selbständiges Denken ist gefragt, vielmehr Anpassung, Unterordnung, Befehle ausführen. Damit bloß keiner auf die Idee kommt, subjektiv, kritisch, aber abwägend politische Ereignisse zu beurteilen. So sieht es aus. Viele sind vom Glauben abgefallen, haben sich in den Gruppensitzungen nicht mehr blicken lassen. In so einem Fall tritt der Kassierer auf den Plan. Dazu muß man wissen, wie die Gruppenleiter tagen auch einmal die Woche die Kassierer. Deren Aufgabe ist zu prüfen, ob die Kasse stimmt, ob jedes Mitglied seinen monatlichen Beitrag zahlt. Als Schüler löhnten wir eine Mark im Monat. Die Kassierer übernehmen aber noch eine andere Aufgabe, die sogenannte politische Betreuung. Angenommen, einer hat die Nase voll, vielleicht wegen persönlichen Problemen, vielleicht auch aus politischen Gründen. Da geht der Kassierer zu ihm nach Hause, fragt, was hast du denn, warum kommst du nicht mehr, wir können dir doch helfen.

So etwa stellt sich die SDAJ einen gut organisierten Verband vor. Über diesen Zuspruch werden viele weichgeklopft, dahinter steht das alleinige Ziel, die Leute für die Gruppenarbeit zu aktivieren. . . . Man vergißt den Ärger, schiebt die große Politik beiseite, und schon ist man wieder mittendrin. Meiner Ansicht nach entwickeln nur wenige Jugendliche wirklich Eigeninitiative, eigene Ideen, die sind froh, wenn man ihnen erzählt, was zu tun ist, jemand da ist, der sie mit ihren Problemen auffängt. Die SDAJ ködert, ob nun Schüler oder junge Arbeiter, ja nicht nur über die politische Zielsetzung. Die Freizeitveranstaltungen, gemeinsame Unternehmungen, Demos und vor allem die Feste – das fetzt ab, stärkt das Gruppengefühl, bringt die Leute emotional zueinander.“

„Welchen Stellenwert haben die zahlreichen Feste für die Politik der SDAJ?“

„Das Wichtigste auf diesen Feten, den Konzerten, dem Festival der Jugend oder sonstigen Veranstaltungen ist, den Verband ins Licht der Öffentlichkeit zu bringen. Mit Öffentlichkeit sind die Jugendlichen gemeint, die Rockmusik hören wollen, ihren Spaß haben möchten. Die SDAJ nutzt diese Gelegenheiten, um ihre Politik zu verkaufen, zu informieren, Leute für die nächste Demo anzuheuern. Man verteilt Flugblätter, irgendwo hängen Wandzeitungen, dann rennen da Typen rum, die mit Besuchern diskutieren. Manche, also die Überaktiven, bastelten sich zu meiner Zeit so komische Hüte, um auffälliger zu sein als die anderen, damit sie ihre ‚Elan' loswerden. Viele sind zu den Feten ja doch nur gegangen, weil zum Beispiel Floh de Cologne eine neue Rockoper präsentiert oder weil sie mit ihren Freunden was losmachen wollen. Diese Feste erfüllen viele Funktionen, die SDAJ hat ein Forum, wo sie sich darstellen kann, die Motivation der Leute, in dem Verband mitzuarbeiten, soll dadurch gesteigert werden, Zusammengehörigkeitsgefühle demonstriert werden. Beispielsweise das Festival der Jugend . . . Das törnte echt ab. Wie da emotionalisiert wird, ob nun durch eine Person wie Angela Davis von der kommunistischen Partei der USA oder durch feurige Reden von Vertretern der Sandinisten aus Nicaragua oder des ANC aus Südafrika. Und dann plötzlich brüllen 20 000 Menschen in einer Riesenhalle mit geballter Faust: ‚Hoch die internationale Solidarität'.

Eine Massenszenerie, die mich persönlich erschreckte. Ich kriege Angst, wenn Massen anfangen, im gleichen Ton zu schreien. Ich hatte immer den Eindruck einer kontrollierten Masse, ‚Big brother is watching you'. Man selbst als Individuum geht völlig unter. Was zählt, ist das internationale Proletariat als eine fiktive Masse. Dieses Herumbrüllen fand ich geradezu ekelhaft. Manchmal lachten wir uns auch über die Ernsthaftigkeit der Leute kaputt. Als ginge es auf diesen Festivals um Leben oder Tod. . . . Lächerlich. Und dann diejenigen, die keinen Schimmer von der politischen Zielsetzung des Verbandes haben, die auf das Festival kommen, keine Kommunisten sind, aber meinetwegen unzufrieden. Das reicht ja schon. Die sehen, mit einer Unterschrift habe ich 20- oder 30 000 Freunde. Das animiert zum Mitbrüllen. Ich will nicht überheblich sein, mir ging's ja damals ähnlich, aber die Obergurus wissen natürlich, daß viele, die auf so einem Fest in die SDAJ eintreten, weil es schön war, Spaß machte, eben nicht über das Endziel der Politik nachdenken. Was sind sie also mehr als nützliche Idioten."

„Internationale Solidarität – beschreibe einmal, was das konkret für die SDAJ bedeutet!"

„Das ist ein ganz zentrales Thema. Wenn man von der kommunistischen Ideologie ausgeht, gibt es zwischen dem Arbeiter in Chile oder El Salvador und dem Arbeiter in Westeuropa absolut keinen Unterschied. Nach dem Motto ‚Wir sitzen alle im gleichen Boot' ist es völlig wurscht, ob der Arbeiter in El Salvador den Kaffee für 60 Pfennig am Tag pflücken muß oder der Stahlarbeiter bei Klöckner in Bremen vielleicht um seinen Arbeitsplatz bangen muß. Das ist für die SDAJ ein und dieselbe Sache, weil beide den gleichen Feind haben, beide ausgebeutet werden von den ‚Herren der Welt'. Es geht doch vor allem um den internationalen Klassenkampf, gegen die sogenannten amerikanischen Imperialisten, gegen den Kapitalismus überhaupt, gegen die USA, die sich nach deren Ideologie als Weltenpolizist aufspielen und für alles Übel der Welt verantwortlich zu machen sind, so einfach ist das für die SDAJ. Daß es dem Arbeiter hier wesentlich besser geht, er sozial abgesichert ist, er bessere wirtschaftliche wie gesellschaftliche Voraussetzungen hat als beispielsweise ein Arbeiter in einer rechten südamerikanischen Diktatur, das ist nicht die Frage. Von den Linksdiktaturen, die unter sowjetischem Einfluß stehen, mal ganz abgesehen, welche Rechte hat der Arbeiter dort? Alles paletti, na ja! Zu Beginn meiner aktiven SDAJ-Zeit war ich auch von den Solidaritätsbekundungen beeindruckt. Auf dem Maizelt der DKP gab es immer einen Tag der internationalen Solidarität. Wirklich eine tolle Stimmung. Brasilianische Musik, Kulturgruppen aus zig Ländern, Kommunisten aus der Türkei, Volksmujaheddins aus dem Iran, verschiedene Redner aus Chile oder Paraguay – alles sammelte sich dort. Diese Leute versuchten mit beschwörenden Reden, uns einerseits zu . . . informieren über ihre Situation, andererseits uns aber auch aufzustacheln in dem großen Kampf gegen den sogenannten amerikanischen Imperialismus und für den weltweiten Sieg des Sozialismus. Nachdem dann alle wußten, wenn die mit ihren Reden fertig waren, daß Amerika wieder mal an allem Unglück schuld sei, skandierte man lauthals ‚Hoch die internationale Solidarität'.

Viele mögen gerade das toll finden, wie gesagt, mich beängstigte diese Euphorie eigentlich damals schon. Manche hatten echt naive Vorstellungen. Der große Traum, daß durch eine breite internationale Solidarität aus der ganzen Welt eine Nation werden könnte. Wer dann regieren sollte, war wohl den wenigsten klar. Auch in der Schule übrigens spielte die internationale Solidarität für unsere Aktionen eine große Rolle. Wandzeitungen zu Grenada, Flugblätter zu El Salvador . . . tja, Afghanistan kam da nicht vor. Und wenn, dann wurde eben trotz des brutalen Krieges dort das Friedensengagement der Sowjetunion in Afghanisten mit deren Thesen untermauert. Das paßte mir genausowenig wie der ewige Versuch, ständig die internationale Solidarität heraufzubeschwören. Man nehme einen Topf, schmeiße da hinein die Arbeiter aus der Bundesrepublik, aus Grenada, aus den USA, aus Italien, aus Südafrika usw., dann rühre man kräftig darin herum, und was kommt heraus, die einheitliche proletarische Masse. Und all die kämpfen dann mit denen, die in ihrem Land den Kapitalismus abgeschüttelt haben – für den ‚Sozialismus gleich Frieden' in der Welt. Echt ätzend."

„Habt ihr euch mit dem Staat Bundesrepublik und seiner Geschichte auseinandergesetzt, zum Beispiel in Fortbildungsveranstaltungen, auf Bildungsabenden?"

„Kaum. Einige Themen wurden manchmal durchgekaut. Unsere Demokratie zum Beispiel. Was ist das? Ein freiheitlicher Rechtsstaat, ein Staatsgebilde, das den Einzelnen vor dem totalen Zugriff staatlicher Machtausübung schützt? Nicht für die SDAJ. Im Gegenteil, dieser Staat ist für sie eine Farce, die Bonner Regierung, egal, wer gerade die Wahl gewonnen hat, eine Marionettenregierung der großen Konzerne des Kapitals. Von Zeit zu Zeit muß die Regierung ausgetauscht werden, damit der Schein der Demokratie gewahrt bleibt. Jeder, der mit dem Argument käme, ‚Moment mal: wir haben doch freie Wahlen, die Wähler können selbst darüber entscheiden, welcher Partei sie ihre Stimme geben wollen', dem würde ein SDAJler entgegenhalten, ‚klar, wir haben freie Wahlen, aber die Wähler sind manipuliert, durch die Bild-Zeitung, durch die gesamte bürgerliche Presse'. Daß die Bild-Zeitung einen starken Einfluß auf das Denken vieler Menschen hier ausübt, wissen wohl die meisten; ich lehne das Blatt auch heute noch ab. Aber daß durch die Bild-Zeitung alle Leute hier notwendigerweise verblöden, dumm gehalten werden, weil nach der marxistischen Ideologie das Großkapital es so will, das finde ich hirnrissig. Nun gut, der Einzelne hier wählt also nicht die Partei, die seine Interessen vertritt, sondern er wählt die CDU, SPD, FDP oder seit einigen Jahren die Grünen. Generell akzeptiert die SDAJ keine der hier etablierten Parteien. Der Feind, den man bekämpft, heißt weder Helmut Schmidt noch Helmut Kohl, das sind nur die Lakaien der Großindustrie. Die sogenannten Todfeinde bleiben die Unternehmer, die Konzernbosse, diejenigen, die über die Produktionsmittel entscheiden. Naturgemäß sind die gefräßig, fett, immer im feinen Nadelstreifenanzug, vielleicht auch im Smoking, eine dicke Zigarre im Mund – reine Klischeearbeit. So werden die von der SDAJ und der DKP dargestellt. Man muß nur einmal die ‚Elan' aufschlagen, da sieht man laufend solche Bilder, . . . Hat mich damals schon genervt, diese Einseitigkeit, dieser Haß, der geschürt wird. In der marxistisch-leninistischen Ideologie gibt es eine These, wonach im Kapitalismus Wirtschaft und Politik in der Weise voneinander abhängen, daß die Wirtschaft die eigentliche Macht ist und die Politik nur eine Art Scheinfassade. Macht hätten danach bei uns nur die Konzerne, die multinationalen Unternehmen wie Hoechst und BASF. Die seien letztlich die Entscheidungsträger, die würden auch darüber entscheiden, was die Presse drucken darf, über deren Kanäle würde die Bevölkerung im Sinne des Großkapitals beeinflußt.

Ist bestimmt eine interessante Frage, inwieweit die Wirtschaft Druck auf die Politik ausübt, ja Macht hat, erinnern wir uns doch an den Flick-Skandal! Aber diese Frage muß man auch umgekehrt formulieren. Die Politik macht Gesetze, die Mitbestimmungsgesetze, Sozialgesetze oder die Unternehmensbesteuerung – damit setzt man die Wirtschaft unter Druck. Wir leben in einer pluralistischen Gesellschaft, in der jede Interessengemeinschaft ihre Meinung artikulieren kann. Würde es nur nach den Interessen des Großkapitals gehen, wäre die Wirtschaft wirklich so allmächtig, was hätten wir über den Flick-Skandal erfahren? Oder gäbe es nur eine einseitige Presse, was hätten wir über den Neue Heimat-Skandal erfahren? Wären bei uns Kritik und Opposition nicht garantiert, vielleicht wäre dann unter der Bevölkerung kaum ein so starkes Bewußtsein für Umweltgefahren gewachsen. Ich bin heute weiß Gott kein Rechter, aber bei aller Kritik gegenüber diesem System muß man die Vorteile einer offenen Gesellschaft doch erkennen. . . . Damals habe ich mich damit nicht beschäftigt. Wieso auch. Wir sind auf Demos gegangen, haben für Arbeitsplätze demonstriert, und dann steht man beispielsweise vor den großen Toren eines Unternehmens und spürt die Machtlosigkeit, diese Hoffnungslosigkeit. Es wird von den Politikern hierzulande viel zu wenig getan, jungen Menschen zu helfen, sich zurechtzufinden, die Hoffnung auf eine Zukunft nicht zu verlieren, wenn nach zig Versuchen, einen Ausbildungsplatz zu ergattern, jede Aktion ins Leere geht. In solchen Momenten sucht man nach einleuchtenden Erklärungen, sucht den Schuldigen, den man für die eigene Situation verantwortlich machen kann."

„Habt ihr, wenn über die Demokratie diskutiert wurde, dann auch über die sozialistische Demokratie im Ostblock gesprochen?"

„Nein, der Vergleich, der sich aufdrängt, mal zu fragen, wie funktioniert das Wahlsystem in der DDR oder in der Sowjetunion, so weit dachten wir nicht. Alle Probleme, die im Sozialismus existieren, blieben uns verborgen wie hinter einem nebulösen Schleier. Ich erinnere mich noch, da waren ein paar FDJler in Bremen, wir saßen in einer Kneipe, und so mitten im Gespräch meinte ein Mädchen – ganz kämpferisch –, ‚wir lassen uns die Macht nicht mehr nehmen'. Wir lachten darüber, haben gedacht, die spinnt ein bißchen. Erst, als ich aus diesem unkritischen Bewußtseinszustand herauskam, älter wurde, da haben mich diese Dinge interessiert, die Partei, ob nun die SED oder KPdSU, die die Leute nicht abwählen dürfen, daß keine freien und geheimen Wahlen existieren, der Einzelne zum Wählen gezwungen wird. Na, echt klasse! Wie heißt es immer nach einer Wahl in der DDR . . . 99,4 % haben der SED und den Kandidaten der Nationalen Front ihre Stimme gegeben. Ganz schön frustrierend das Gefühl, dem Parteiapparat als Einzelner restlos ausgeliefert zu sein. Und von wegen Freiheit! Freiheit im Sozialismus ist eben nicht die Freiheit, etwas zu sagen, eine andere Meinung durchzusetzen, den Andersdenkenden zu tolerieren, sondern die Freiheit, den Sozialismus mit aufzubauen, so wie die Parteibonzen von oben nach unten es dem Einzelnen abverlangen."

„Was denkt die SDAJ über die Vereinigten Staaten von Amerika?"

„Wir haben nur selten über das Land geredet. Wenn, dann ging es um Rassismus oder um die Armut. Werte wie persönliche Freiheit, Eigenverantwortlichkeit, der Individualismus schlechthin, zählen für einen Kommunisten nicht. Viel wichtiger ist den SDAJlern, Jugendlichen zu suggerieren, daß die Interessen der Wirtschaftskonzerne und der Bundesrepublik mit denen in den USA voneinander nicht zu trennen sind. Die multinationalen Konzerne sitzen hier wie dort, sie beuten die Arbeiter aus, beherrschen die kapitalistische Welt, was dann wieder die Grundlage für die internationale Solidarität schafft.

Um diesen Zusammenhang den Leuten nahezubringen, stellen die so Thesen auf, nach dem Motto, nur die siegreiche Rote Armee habe die Deutschen vom Hitler-Faschismus befreit, während die Westalliierten aus Eigeninteresse mitgemischt hätten, um sich in Europa Marktanteile zu sichern.

Das lernen ja auch Jugendliche in den Schulen der DDR, . . . Die Facts habe ich mir auch erst später reingezogen. Geschichtsverfälschung total. Fragt man ein normales SDAJ-Mitglied nach diesen Thesen, so hat er davon bestimmt keinen blassen Schimmer. . . . Rüstungsdebatten, die gab's natürlich oft, auf der einen Seite die Amis als Imperialisten, als Kriegstreiber, und auf der anderen Seite die Sowjetunion, die Friedensapostel. Deren Rüstung sei immer defensiv und folge nur der „imperialistischen Hochrüstung". Alle Waffen im Ostblock, ob atomare oder konventionelle, sind für die SDAJ Waffen des Friedens, die finden das gut, denn da gibt es ja das banale Argument nach der Ideologie, wonach der Sozialismus durch den Kapitalismus bedroht ist; er sich schützen müsse gegen die sogenannten westlichen „Aggressionsarmeen". Der Frieden muß bewaffnet sein! Um das zu belegen, werden beispielsweise diese Landkarten gezeigt oder Zahlen und Statistiken vorgelegt, ob es nun um die Einführung der Atombombe ging oder um den angeblichen Versuch der Amerikaner, nach der Oktoberrevolution in die Sowjetunion einzumarschieren – das gehört auch zum Lügengeschrei der SDAJ, denn das stimmt ja nicht! Nach dem Ersten Weltkrieg wäre niemand in der Lage gewesen, dort einen Krieg zu initiieren. Es ist schon richtig, daß die Sowjetunion 1918, 1919 von ausländischen Interventionsarmeen bedroht worden war, ich denke dabei vorrangig an England und Frankreich. Die USA hingegen hatten für eine kurze Zeit Truppen in Murmansk im Fernen Osten stationiert, aber sie haben nie aktiv eingegriffen. Im Gegenteil, sie zeigten sogar anfangs Sympathie für die russische Revolution – ohne die finanzielle Hilfe der USA wären in der Sowjetunion 1921 noch viel mehr Menschen verhungert, als dies ohnehin der Fall war.

Das Zarenreich, soviel ich weiß, war im Westen hochgradig verschuldet. Lenin hatte dem Westen nach der Oktoberrevolution deutlich genug klargemacht, daß der neue Staat mit diesen Schuldverpflichtungen nichts mehr zu tun habe. Ein wesentlicher Grund dafür, daß westliche Armeen die Sowjetunion dann auch militärisch unter Druck setzten . . . Ein anderes Argument der SDAJ – oft war ja der Westen mit der Neueinführung moderner militärischer Technologien dem Osten um zwei bis drei Jahre voraus. Meines Erachtens haben sie diesen Fortschritt gegenüber der Sowjetunion niemals ausgenutzt, die Amis haben die Sowjetisierung Osteuropas am Ende des Zweiten Weltkrieges doch geschehen lassen, obwohl sie vier Jahre lang das Atombombenmonopol besaßen. . . . Die SDAJ vertritt die Meinung, daß der Westen dem Osten militärisch überlegen sei und deshalb der Osten notgedrungen rüsten müsse. Dazu gehöre dann eben auch die politische Schulung der Leute, inklusive der Wehrkundeunterricht in den DDR-Schulen. Überspitzt formuliert – die Schießübungen für Kinder, das Kriegsspielzeug in den Kindergärten, der gute Onkel aus der Nationalen Volksarmee, der die Kinder besucht und ihnen erzählt, welche Glanzleistungen die sozialistische „Friedensarmee" vollbringt, sollte der böse Feind es wagen, über die Mauer zu hüpfen. Früher hat mich das alles nicht interessiert, hatte auch zu wenig Ahnung. Ich glaubte, daß der Osten die Rüstung nicht vorantreiben wollte, daß man die Sowjetunion friedenspolitisch ernster nehmen müsse als die USA. Aber wie paßt das zusammen, immerzu vom Frieden reden und Jugendliche im eigenen Lande militärisch drillen, als sollten die sich auf einen Krieg vorbereiten. Das alles ist für die harten SDAJler kein Problem. Mich machte das fertig. Heute denke ich, daß der Militarismus im Osten, die Einimpfung eines Feindbildes vom bösen Westen nur eine Methode ist, die Leute bei der Stange zu halten."

„Warum bist du eigentlich so lange in dem Verband geblieben?"

„Die schulpolitischen Aktivitäten haben mich mit der SDAJ zusammengeschweißt. An unserer Schule gab's ständig Zoff. Eine Superzeit. In Bremen sollte eine neue Schulverordnung durchgesetzt werden. Ende 1979, weiß ich nicht mehr genau. Das Tossens-Papier, so nannten die das, beinhaltete neue Regelungen für die Oberstufe. Sämtliche Punkte lehnten wir ab. Beispielsweise sollte die 13. Klasse um ein halbes Jahr verlängert werden, und dann die größte Sauerei, wollte man die Schüler in der Oberstufe in ihrer Wahlfreiheit einschränken. Man sprach da von einem sogenannten inhaltlichen und zeitlichen Curriculum, was bedeutet, daß die Schüler eben nicht mehr mit den Lehrern – zum Teil war das möglich – die Kursinhalte festlegen konnten, sondern daß die Kurse aufeinander aufbauen sollten, daß letztlich das Kultusministerium festlegt, was in Geschichte und in Deutsch gelehrt wird. In Deutsch zum Beispiel ist es doch wirklich egal, ob man in einem Halbjahr die Klassiker behandelt, im nächsten Halbjahr die Expressionisten, dann die Vertreter der Biedermeierzeit oder sonst irgendwas. Uns paßte diese Einengung einfach nicht. Wir organisierten einen riesigen Schülerstreik, der fast eine Woche dauerte. Daran schlossen sich einige fetzige Demonstrationen, und wir hatten damit sogar Erfolg. Das Papier kam vom Tisch. Kein Wunder also, daß ich davon überzeugt war, mit der SDAJ ist es möglich, auf der schulpolitischen Ebene etwas zu ändern. Unter uns herrschte eine Wahnsinnssolidarität. Deshalb bin ich damals auch ganz bewußt als SDAJler und nicht als Schülervertreter aufgetreten. Leider, es war wohl Ende 1981, wurde dieser Mist durch die Hintertür unter einem neuen Begriff wieder aufs Tapet gebracht. Die ganze Mühe war umsonst. Die Schüler tobten natürlich. Noch einmal organisierten wir einen landesweiten Schülerstreik, Massenkundgebungen . . . aber unsere Aktivitäten nutzten überhaupt nichts. Die Sache wurde durchgesetzt. Was sollten wir machen? Hatte ja eh alles keinen Sinn, der Versuch, doch etwas zu verändern, Einfluß auf Entscheidungen von Ministern auszuüben, war restlos gescheitert. Der Frust, der sich da unter den Leuten breitmachte, führte auch bei mir zur Resignation . . . zu einer Art Lustlosigkeit."

„Wie kam es bei dir zum Bruch mit der SDAJ, spielten die Schulerlebnisse eine Rolle?"

„Wenn man den Glauben an den Sinn verliert, das drückt, die Motivation geht flöten. Die SDAJ, einerseits noch immer Auffangbecken, schon wegen meiner Freunde, andererseits ballten sich dort die Konflikte. Ein Tiefschlag nach dem anderen folgte. Das zwanghafte Jagdgelechze nach neuen Mitgliedern, diese Wettbewerbe, . . . die Diskussion um den ‚Elan'-Verkauf, wo die Leute immer hitziger gegen mich Front machten, als sei ich ein Verräter. All das passierte übrigens in dem letzten Schuljahr vorm Abi, also Ende 1981, Anfang 1982. Ich konnte mich eben nicht mit dem Prinzip anfreunden, der Zweck heilige die Mittel. Dann diese Besuche in den Schulen der DDR, der Militarismus, der mir dort ins Gesicht gesprungen ist, der so erschreckend brutal war. Klar, diese ewigen Versuche, mich auf Linie zu bringen, also auf SDAJ-Linie bzw. DKP- bzw. SED- bzw. Moskau-Linie – darauf hatte ich keinen Bock mehr, davon war ich angewidert. Die straffe Organisation, der demokratische Zentralismus, das kann man akzeptieren, wenn man an den Kommunismus glaubt, weiß, wofür man kämpft, an der Ideologie des Marxismus-Leninismus nicht zweifelt, politische Realitäten wie Mauerbau oder den Arbeiteraufstand in Polen oder den Krieg in Afghanistan nicht in Frage stellt.

Ich glaubte doch damals, naiv gesagt, daß diese Organisation eine Plattform ist, die es den einzelnen Mitgliedern ermöglicht, langsam aus Ideen Thesen zu entwickeln und diese dann nach oben durchzusetzen, aber es ist genau umgekehrt. Auf jeden Einzelnen wird Druck ausgeübt, die totale Einbahnstraße. Und wer unter den großen Hut nicht paßt, wird zurechtgebogen oder geht, wenn er kapiert, daß er nur ein Werkzeug ist. Meine Erlebnisse in der SDAJ, die Gedanken und Überlegungen, die ich darüber anstellte, fielen in eine Zeit, wo ich mich nach dem Mißerfolg in der Schule mit ökologischen Entwicklungen und Gesellschaftstheorien auseinandersetzte. Klingt vielleicht ein bißchen hochtrabend. Ich fragte mich, wie können Menschen zusammenleben, wenn es viele sind. Ich las ‚Global 2 000', einen rein wissenschaftlichen Bericht vom Club of Rome, der die ökologischen Entwicklungen auf der Erde zusammenfassend darstellte. Danach sieht die Zukunft düster aus, eine Katastrophe neben der anderen. Wenn sich die Politik aller Industrienationen in den nächsten Jahren nicht grundlegend ändert, dann werden Mitte des nächsten Jahrhunderts verschiedene Ressourcen zu Ende sein, die Überbevölkerung wird drastische Ausmaße annehmen . . .

Ich habe die Zukunft total schwarzgesehen, glaubte, daß die Menschheit nur noch soundsoviele Jahre Zeit hat, überhaupt zu leben. Diese Zeit reicht einfach nicht, um den Menschen für einen Kommunismus fähig zu machen. Das ist zwar ein schönes Ziel, aber ich habe den Glauben daran verloren. Im Zuge dieser Gedanken habe ich dann angefangen, die Kritiken, die ich bis dahin am Ostblock, am real existierenden Sozialismus hatte, nicht mehr zu begreifen als einen vorübergehenden Zustand auf dem Wege, sondern als endgültiges Produkt dieser Herrschaftsform, dieses totalitären Systems. Da ist in mir ziemlich viel kaputtgegangen. Was hätte ich mit den SDAJlern noch anfangen sollen? Der Schritt, mich dann endgültig von denen zu trennen, wurde beschleunigt durch ein fatales Ereignis. Mein Bruder, seinerzeit noch immer Kreisvorstandsmitglied der SDAJ, verweigerte den Wehrdienst. Schon lange beschäftigten ihn die Ideen des Pazifismus. Einem harten SDAJler sind solche Ideen eigentlich fremd. Kommunisten sind keine Pazifisten, und sie glauben, daß die Macht aus den Gewehrläufen kommt, wie es Mao Tse-tung einmal sagte.

Auch meinen Bruder quälten Gewissensbisse. Zuhause diskutierten wir nächtelang über dieses Thema. Er wollte weder kämpfen noch schießen lernen. Viele seiner Beweggründe, den Wehrdienst abzulehnen, konnte ich nachvollziehen. Er vertrat den Standpunkt, daß man Menschen zur Gewaltlosigkeit erziehen müsse, daß mögliche Schritte zum Frieden dort beginnen, wo der Einzelne überall in der Welt, im Westen wie im Osten zu jedwedem Militarismus nein sagt und auch danach handelt, selbst wenn er für seine Entscheidung Nachteile in Kauf nehmen muß. Leider . . . utopische Gedanken in dieser Welt. Nicht wahr? Mein Bruder jedoch muß so überzeugend mit seinen Argumenten gewesen sein, daß die Bundeswehr auf ihn verzichtete und er stattdessen in den Zivildienst eintreten konnte. Das paßte dem Verband nicht ins Konzept. Die versuchten, obwohl er seine Entscheidung längst gefällt hatte, ihn nachträglich zu beeinflussen. Er müsse zum Bund gehen, um den Soldaten die Friedenspolitik der Sowjetunion einzutrichtern, er müsse denen klarmachen, daß sie einer westlichen Aggressionsarmee dienen, ob er sich eigentlich seiner Aufgabe als junger Revolutionär bewußt sei. Die Bundeswehr, das ist ein erklärtes Ziel der SDAJ, muß untauglich gemacht werden. Die agieren da sehr geschickt . . einerseits treten sie als Fürsprecher der Wehrdienstverweigerer auf, andererseits schicken sie die eigenen Leute zur Bundeswehr. Das bringt die Sache voran. Ein Genosse mehr beim Bund ist eben wichtiger für den Kampf um Sozialismus als ein Genosse im Zivildienst. Die SDAJ orientiert sich hauptsächlich an der Arbeiterjugend, die geht freiwillig hin, verweigert nicht. Ein anderes Argument für die Politik der SDAJ ist der in der Bundeswehr demonstrierende Soldat. Oft genug erscheinen Uniformierte auf Festen und Demos der SDAJ, das reizt, sticht sofort ins Auge. Mann . . . diese brutalen Manipulierungstaktiken, meinen Bruder umzupolen, ihn gefügig zu machen . . . der reinste Psychoterror. Die DKP, das habe ich letztlich auch kapiert, hat schon hier im Westen keinen Respekt vor der Gewissensentscheidung des einzelnen Menschen."